［改訂版］

確実《かくじつ》内定《ないてい》

就職活動が面白いほどうまくいく

トイアンナ

KADOKAWA

本書は2018年12月に小社より刊行された『就職活動が面白いほどうまくいく　確実内定』を改題のうえ、増補・再編集したものです。

はじめに
就活は、攻略法のあるゲームだ

「就活は受験と同じように、対策できるゲームだ」――どうしてこのことに気がつかなかったんだろう？　と、今でも思います。2011年に就活生だった私は、就活が「対策可能」なものだと知らず、必死で70社以上へ応募していました。今は、「対策さえ知っていれば、もっと効率的に内定を取れたのに……」と思わざるを得ません。

就活を「対策できるゲーム」と言い切ってしまう態度は、「就活は熱意を率直に伝えれば内定するものだ」とお考えの方には、反感を買いそうでもあります。ですが、私は決して無責任にこんなことを申し上げているのではありません。これまで、4,000人以上から相談を伺ってきて、**就活では能力よりもルールを知っているかどうかで内定が決まる**と知っているからです。

たとえば、志望動機や学生時代に力を入れたこと（ガクチカ）を記入する書類では、文章の構成や使うべき言葉遣いが決まっています。どんな経験を書けば通過できるかの条件も、例年同じです。

数人で集まって議論する「グループディスカッション」は議論の進め方が決まっていて、何度か参加してルールを把握した就活生の方が有利です。面接でも、正しい声の出し方、話す順番を知れば内定率は何倍にも上がります。

対策を知るだけで圧倒的有利に立てる。それなら、就活は受験と似たゲームと言っても、差し支えないはずです。

……であるにもかかわらず、就活では長らく「攻略法」が開示されてきませんでした。その理由は、対策が練られてしまうと、企業が素の就活生を見られなくなるからです。

たとえば、Webテストには心理テストが含まれています。この心理テストを「対策」されてしまえば、企業は心理テストで弾きたい学生を見抜けなくなってしまいますよね。面接でも、誰もが対策をしてきたら、企業は誰を採用すべきか判断できなくなってしまいます。

しかし、それは企業の事情であり、学生の事情ではありません。参考書で対策できる程度の採用試験しか課してこなかったのは企業の責任です。私はこの本を通じ、**学生のみなさんにより「就職してよかった」と言えるキャリアを歩んでもらうため、傾向と対策をフルオープンにしていきたいと思っています。**

私が就活をしていた2011年は、リーマン・ショックという金融危機で、無い内定が多発した時期でした。第一志望だった電機メーカーでは一次面接で落とされ、駅のホームで一人落ち込むばかり。商社のWebテストでは箸にも棒にもかからず、面接にすらたどり着けませんでした。

その後、就職したP&Gジャパンを含め5社へ内定。70社以上エントリーした経験則から、就活マニアと呼べるほどの知見を得ました。

しかし、「これらの対策は、どうしてどこにも書かれていないのか？」と疑問を抱きました。その思いから就活生400名以上を直接指導し、98％以上が第一志望の企業へ内定していきました。この成果を踏まえると、少なくとも現在の就活には傾向があり、対策できることは明確です。

直接指導できる人数には限りがあります。また、例年追い詰められた就活生が4年生の7月ごろに「お金はいくらでも払うから助けてください」とメッセージをSNSで送ってくるのを見るのも心苦しいものでした。なるべく学生にとって経済負担が少ない形で、就活の最適解を伝えたい。

そんな思いから2018年にこの本が生まれ、これまでに2万人以上へお届けできています。その後、オンライン面接対策など最新の状況に対応した改訂版を出すはこびとなりました。

正直、就活はつらいものです。トップ企業の内定倍率は100倍以上。何度も不採用通知を受け取り、落ち込む日もあるでしょう。

一方で、就活は結構楽しいものです。社会人になったらお金を払わないと話を聞けないトップレベルの人からお話を聞くことができます。また、就活を経て成長した自分を1年後に振り返れば「こんなに自分は大人になれたのか」と満足できることでしょう。

あなたの人生の主人公は、あなたです。

大学生活に立ちふさがるこの壁を、どう登るか。まずは気楽に、ページをめくってみてください。そしてこの本を手にとったあなたが、効率的な就活を進めることで内定を多数得られる未来を摑んでくださるのならば、著者としてこれ以上嬉しいことはありません。

さあ、一緒に内定を手にしましょう。

2021年12月

トイアンナ

CONTENTS

はじめに　就活は、攻略法のあるゲームだ　002

就職活動に役立つワークシート無料ダウンロード方法　013

Chapter 01　015

就活の基礎知識

01　就活のスケジュール　016

まずは敵(就活)を知ろう／内定はいつ出るか／内定する学生ほど、早く動く／学歴別スケジュール／外資系企業と日系企業の違い

02　内定倍率と例年の傾向　034

有名企業の内定倍率は100倍以上／Webテストとエントリーシートが山場／学歴・外見・コネフィルター／何社受けるべきか／百難隠すほどの武器2つ／不利になる要素と対策

03　動く前に準備をしよう　051

いくらお金がかかるのか／1〜2年生の読者は今すぐ貯金しよう／地方から上京する学生は50万円近くの貯金を／効率的にお金を貯める／フリマアプリやオークションを活用して最大10万円節約／飲食費節約は最後の砦にしておこう／揃えるべき就活グッズ／オススメショップ一覧

Chapter 02

自己／企業分析

069

01 自己分析を独学でするな 070

企業は「あなた」に興味がない！／企業が求めるエピソードの3要素

02 正しい自己分析のステップ 077

企業が求める5つの強み／各企業が求める理想の人材を分析する／強みを割り出す2つのメソッド／弱みをわざわざ書かなくてよい

03 企業分析は自宅で始めよう 086

誰でも読めるIR情報／転職口コミサイトは宝の山

04 基礎力を上げるWebテスト対策 096

Webテスト対策に1カ月かけよう／TOEIC攻略／応用 今すぐ使える！「有価証券報告書を使用した企業文化の調べ方」

Chapter 03

エントリーシート(ES)

109

01 通るエントリーシートの条件 110

エピソードは平凡でもいい／エントリーシートは文法問題だ／通る志望動機のテンプレート／実際の例から適したエピソードの選び方を学ぶ／日系と外資系の志望動機の違い／実例６選！　落ちるES、通るES／ESのキモ①ESに書くべきエピソード　３つの条件を満たそう／ESのキモ②冒頭で質問に答えよう／ESのキモ③１文を短くしよう／ESのキモ④状況説明は具体的に／ESのキモ⑤誤字脱字・助詞の連続に注意／ESのキモ⑥「えらそうな文章」に要注意／本音を書くべきか・盛るべきか／志望動機は協調性をテストしている／協調性が低いなりの戦い方とは

02 使い回せる黄金ESの作り方 137

よく出る！　エントリーシート設問／OBOG訪問で手ごたえを確認／写真の準備／服装のポイント／姿勢のポイント／手書きエントリーシート対策

03 難関突破の応用問題 156

押さえて盤石、応用問題

04 動画自己紹介・自己PRの作り方 163

なぜ、動画で自己紹介を求められるのか

Chapter 04

OBOG訪問とリクルーター面談

169

01 OBOG訪問を最大限活用せよ 170

OBOG訪問って何？／最大限活かす学生がしていること／OB・OGの見つけ方

02 OBOG訪問の流れとマナー 178

OBOG訪問の流れ／OBOG訪問で悪印象を与える質問例／OBOG訪問を最大限効率化する質問一覧／オンラインOBOG訪問の対策

03 リクルーター面談攻略法 190

リクルーター面談とは？／リクルーター面談対策

Chapter 05

グループワーク

197

01 グループワークとは 198

企業は「働いているあなた」を見たい／強み別・グループワーク必勝法

02 グループディスカッション攻略法 205

考え方の黄金フロー／ケース面接の練習で対策／ロジカルシンキングを身につける／ロジカルになるためには「意見」が必要／ロジカルに考えるフレームワークがある／トラブルシューティング

03 オンライン・グループディスカッションの勝ち方 220

オンラインで変わるグループディスカッション／強み別・グループワーク必勝法／グループワーク・困ったときの対処法

04 インターンシップ 226

インターンシップの種類／インターンで犯しがちなミス 3 つ

Chapter 06

面接 235

01 読むだけで変わる面接対策 236

基本的な面接の流れとは

02 面接のフェーズ別対策 243

面接はフェーズによって対策が異なる／面接は何回実施されるもの？／面接のフェーズ別、企業があなたへ求めること／人は話し方が9割／トレーニング1.声の調整／トレーニング2.構成を考える／トレーニング3.正しい座り方・話し方／トレーニング4.就活グッズの手入れをする／トレーニング5.筋肉やメイクで「自社にいそう」感を出す／落ちる学生にありがちな口ぐせ

03 よく出る！　面接の質問想定術 266

面接官は「情緒不安定なラノベのキャラ」と心得よ／ダメESを提出してしまったら、その内容は忘れてよし／面接後には必ず「振り返り」を行いブラッシュアップさせていく／変わり種質問対策／理路整然とした答えとは？／オンライン面接対策

04 面接前日にできること 276

4グループでわかる！ よく出る質問と答え方／グループ1. ESと全く同じ質問／グループ2. 企業との相性を問う質問／グループ3. ストレス耐性を問う質問／グループ4. 志望度を問う質問／自分の“キャラ付け”は戦略的に決めておく

05 最重要な志望動機を制覇する 289

志望していなくても、志望動機は作れる／しっかりしておきたい、逆質問対策

06 マインドセット 295

面接に落ちてからできる逆転術／選考&内定辞退の作法

おわりに 300

謝辞 302

※本書に記載している情報は2021年12月現在のものです。最新情報はご自身でご確認ください。

就職活動に役立つワークシート
無料ダウンロード方法

本書をご購入いただいた方への特典として、就職活動で役立つワークシートを無料でダウンロードいただけます。
記載されている注意事項をよくお読みになり、ダウンロードページへお進みください。

https://www.kadokawa.co.jp/product/322108000838/

上記の URL へアクセスいただくと、ワークシートの PDF データをダウンロードできます。「ワークシートのダウンロードはこちら」という一文をクリックして、ダウンロードし、ご利用ください。

［注意事項］
- パソコンからのダウンロードを推奨します。
- ワークシートをご覧いただくには PDF ファイルを開ける環境が必要です。
- ダウンロードページへのアクセスがうまくいかない場合は、お使いのブラウザが最新であるかどうかご確認ください。また、ダウンロードする前に、お使いのデバイスに十分な空き容量があることをご確認ください。
- なお、本サービスは予告なく終了する場合がございます。あらかじめご了承ください。

Chapter 01

まずは全体マップと
必要な武器を手に入れよう

就活の基礎知識

01

就活のスケジュール

まずは敵（就活）を知ろう

さて、あなたは「就職活動」あるいは「就活をする」という言葉が一体何を指すと思いますか？

・なんとなくリクナビやマイナビへ登録して、表示された企業へ応募してみる
・友達と合同説明会に行ってみる
・先輩に勧められた自己分析の本に取り組んでみる

はい。これらは確かに、一般的に必要とされる「就活」のフェーズの１つです。ただ、**「敵を知り己を知れば百戦危うからず」**。就活を始める前にまず、敵である「就活の全体像」から摑みましょう。

ここからは少しだけ用語解説的な意味合いが強いため、まだピンとこなくても、ひとまずは「こういう流れなんだな」と読み流していただければ十分です。
一般的な就活の流れとは、次のようなものを言います。

〈一般的な就活の流れ〉

①企業へプレエントリーする（仮応募）
②説明会やインターンへ参加する
③本エントリーする（応募）
④エントリーシートを提出する（書類選考）
⑤ Web テスト
⑥面接
⑦内々定
⑧内定

では、これら①〜⑧で具体的にどんなことをするのか。また、最低限どんなことに気を付けておけばいいのかを、軽く頭に入れておきましょう。

①企業へプレエントリーする（仮応募）

プレエントリーとは、企業のページやマイナビ・ワンキャリアなどの就職活動サイトから「仮応募」することを指します。プレエントリーすると、企業から説明会や選考のお知らせが届くため、**何も準備できていない段階でもひとまずプレエントリーだけはしておく**必要があります。「就活」を始めるならまずはこれら就活サイトへ会員登録するところからやってみましょう。

②説明会やインターンへ参加する

説明会やインターンに参加することで、**企業への理解を深めるフェーズ**です。企業によっては説明会やインターンに参加することで選考が有利になったり、参加履歴がないと落としたりする企業もあります。**説明会では、このあとの③以降のフェーズ**（たとえば志望動機作成や面接でのアピールポイントなど）**で役立つワードがどんどん飛び出す**こともあります。漫然と「とりあえず参加する」のではなく、社員の話を聞いて、**以降のフェーズで「ポイントになるワード」を拾っておく**ようにしましょう。

なお、注意点として、日系企業と外資系企業ではインターンの意味合いが全く異なります。日系企業では説明会の延長としての役割が強い一方で、外資系企業でのインターンは最終選考を指すため注意が必要です（詳しくは後述）。

③本エントリーする（応募）

プレエントリーでは企業情報を受け取るだけですが、本エントリー後は「選考」が始まります（プレエントリーをしていれば自然と本エントリーへ推移することも多い）。便宜上、「本」エントリーと書きましたが、ただ「エントリー」とだけ明記する企業もあります。プレエントリーがない企業では、本エントリーからいきなり選考がスタートすることも。

④エントリーシートを提出する（書類選考）

志望動機や自己PRを書いた文章を提出することです。企業からフォーマットが指定されるので、それに従って記入します。オンラインフォームで提出させる企業も増えましたが、いまだに手書きで記入させる企業もあり、ここで時間を取られて嘆く学生も多くいます。

⑤Webテスト

エントリーシートと前後して実施されるWebテストは、企業によって出題形式は異なりますが、おおむねGMAT、TG-WEB、IMAGES、CAB、GAB、SPI、内田クレペリンの7種へ大別されます。種類が多く対策が面倒に見えますが、全業界を志望するわけでもない限り、一部のテスト対策のみで済むでしょう。

また、MBAの試験問題でも使われている**GMATを除けば、それぞれ10時間未満の対策で十分に高得点を狙えます。**ただ、慢心して準備ゼロで挑んだ結果、落ちる学生も後を絶ちません。

また、一部企業では心理テストが実施されるため「成績はいいが、心理テストでミスをして落ちる」こともあります。人気企業の多くは④エントリーシートと⑤筆記試験で大多数の学生をふるい落とし、面接へ人員を残しすぎないよう調整しているのです。

⑥面接

面接では、実際に学生が企業へ赴いて自己PRや志望動機などを語ります。複数回行うところが多く、一般的に、1次面接は若手社員、最終面接へ近づけば近づくほど上の役職の社員となります。そのため、**面接のフェーズに合わせた対策が必要となります。**

⑦内々定

「内々定」とは、企業から口頭あるいはメールなどで簡略的に「内定」を伝えられることですが、内々定が出てから内定が取り消されることはほとんどないため、実質的な内定と考えてもよいでしょう。

なお、過去に企業が内々定を取り消したことで学生へ賠償した判例があります（コーセーアールイー事件／平成23年）。一方、学生は内々定を法的に問題なく辞退できるため、内々定を複数持ったまま就活を続ける方も少なくありません。

⑧内定

企業から正式な内定が出ることです。内定解禁日は毎年異なりますが、ここ数年は大学4年・修士2年の10月1日以降となっています。この日に多くの企業が「内定式」を実施して、内定を正式に通知します。

就活では「エントリーシート」など、就職活動でしか使わない専門用語が多いため、最初は戸惑うかもしれません。ですが簡単にまとめてしまうと、就活は「応募して、Webテストを受け、面接を経て内定する」のが一連の流れです。

また、一般的な流れに付随して別途行われることのある就職活動にも少し触れておきましょう。

□OBOG訪問

大学を卒業した先輩を訪問し、お話を伺うこと。かつては自分の大学の卒業生だけを訪問することが一般的だったことから、卒業生を指す和製英語のOld Boy / Old Girlの略称でOBOG訪問と呼ばれます。ですが、現在はオンラインツールの発達により、自分の大学以外の卒業生を訪問することも一般的になりました。OBOG訪問をすることで説明会では質問しづらい社員さんのホンネを聞き出せたり、志望動機へ社員さんの声という具体例で肉付けができたりします。デキる就活生はOBOG訪問でエントリーシート添削を社員へお願いし、精度の高い志望動機を準備します。

□ リクルーター面談

一部企業が実施する特別選考。早期選考へ参加した者から優秀者を選抜し、「リクルーター」と呼ばれる若手社員と面談させることです。カフェなど外部のリラックスした空間で実施されることが多いのが特徴で、リクルーター面談を通過すると、早期内定や面接のスキップといった特典を得られます。早期に優秀な学生を確保したい金融・保険業界に多い面接です。

□ 外資系企業のインターン

面接のあとに実施される「実務での働きぶりを見る」最終選考のことで、通称「ジョブ」。実際に企業へ出社したうえで実務に近い課題を与えられ、就活生のチームで解くのが一般的。日系企業のインターンは長くても3日で終わる傾向にある中、外資系は1週間など、長期にわたる点も特徴です。

□ 企業から面談の誘いが来るオファー型採用

近年、OfferBoxをはじめとする、プロフィールを登録するだけで企業から選考案内が届く「オファー型採用」が増えています。最初に自己PRを記入する必要があるなどの手間はかかりますが、その後は受け身でいても選考が進む利点があります。通常の就活と平行してぜひ登録しておきましょう。

内定はいつ出るか

先ほどご紹介した「就活の流れ」で、**「なぜ『内々定』と『内定』が分けられているんだ？」**と、疑問を抱かれた方も多いでしょう。

これも大人の事情で、実は業界ごとに「この時期に内定を出そう」と決めているところがあるのです。

たとえば総合商社は人事同士がつながっており、他社を差し置いて内定を出すなどといった「抜け駆け」はできないとされているようです。

こういった慣習もあり、業界ごとに内定が出るタイミングはまちまちです。しかし企業の本音を言うならば、なるべくこっそりと早期内定を出し、優秀な学生を確保したい……。

そこで出てくるのが「内々定」というシステムです。

本当の内定は業界の慣習上出せない、けれど優秀な学生を囲い込みたい。そういったときに個別で学生を呼び出し「公には言わないでほしいが、内々定を受諾してくれないか」と打診するのです。

詳しくは次項で述べますが、内々定は早い企業で大学３年もしくは修士１年の夏休みに出ています。

たとえばある企業は、大学３年・修士１年の秋冬に実施するインターンで内々定の１歩手前まで選考を終わらせます。そして春以降は、「ほとんど落とすことのない形ばかりの最終面接」を実施し、内々定を出します。

そうすることで業界の足並みを揃えることと、優秀な学生を青田買いするという自社の戦略を両立させているのです。

ただ、すべての企業が足並みを揃えた内定を出しているわけではありません。

たとえば、外資系企業はバラバラの時期に選考を行います。そのため、彼らは選考スケジュールにおいても制約なく、早期選考・早期内定を行うことができるのです。

例年「外資系コンサルティング業界へ行きたい」という相談を、大学4年生や修士2年生になってからくださる学生がいますが、**その時期には多くの企業がすでに選考を終了しています。** つまり、留年（いわゆる就職浪人）するしか手立てがありません。

もし現時点で自分の行きたい業界がハッキリしているのなら、**すぐに選考スケジュールを確認**し、手遅れにならないよう注意しましょう。

また、就活解禁になってから募集している企業へエントリーしても、最悪の場合「内定辞退があった若干名の枠」を多数の学生と奪い合うゲームになってしまいます。

正式に就活がスタートする就活解禁まで何もせずにいるのは、損でしかないということを肝に銘じ、確実な内定のためにも、「今日が残された学生生活で就活に着手できる最速の日」と考え、すぐに動き始めましょう。

最後に、「大学は学ぶための場所で、就活をするために大学へ入ったわけではない」とモヤモヤされている読者の方がいらっしゃったら、ここで1つだけお伝えさせてください。

これまで指導した経験から、就活でトップ企業へ内定する学生は、学業においても優秀な成績を残していることがわかっています。

就活「ごとき」と学業が両立させられないのであれば、それはあなたの学力、あるいはプロジェクトを進める能力が低いのです。むしろ最速で動くことで早期内定を獲得し、進路に不安を抱かずのびのび学業へ専念できる環境を作るべきではないでしょうか。であればいずれにせよ、**早く動いたほうが得策**です。

ただし奨学金で学費をまかなっていたり、生活費をすべて自分で工面したりしている場合など、ときに就活が大きな負担になるケースもあるでしょう。そういった方は、後述で具体的な金策の立て方も記載いたしましたので、ぜひご活用ください。

内定する学生ほど、早く動く

しかし、あなたはここで疑問を持たないでしょうか？

なぜ企業は抜け駆けを指摘されるリスクを負ってまで、早期の内々定にこだわるのでしょうか。

採用担当者へヒアリングをすると、このような答えが返ってきます。

「早期に動く学生ほど、先を見据えたスケジュールで動く優秀な学生が多いから」
「内定を辞退されることも考えると、辞退されてから追加枠で採用する時間が欲しいから」

確かに筆者の経験からも、早く動く学生ほど優秀な傾向は見られます。ただし早期スタート組が、遅くスタートする学生と能力的に大きな差があるわけではありません。二者の違いは、**早期に就活をスタートさせることで経験を積んでいるかどうか**です。

夏休みの間に何社も選考を受けて失敗から学んだ学生は、就活解禁後「経験者」として有利にプロセスを進めることができます。そんな**経験者に、解禁後から初めて就活を考え始めた学生が挑めば、競り負けるのは当然のこと**です。

ですから、もしあなたがこの本をご覧になったタイミングが就活解禁後でも、まずは焦らず対策を始めましょう。
選考で一緒になった優秀そうな学生は、能力差があるのではなく、単に対策が早かっただけなのです。**これから密度の高い準備を行えば、追いつくことは十分に可能です。**

学歴別スケジュール

「何かしなくては」と思ったら、まずは就活の全体像とスケジュールを把握しましょう。例年少しずつスケジュールは変わりますが、直近の就職活動は下図の通りとなっています（図1）。

図1　トップ層の一般的な就活スケジュール

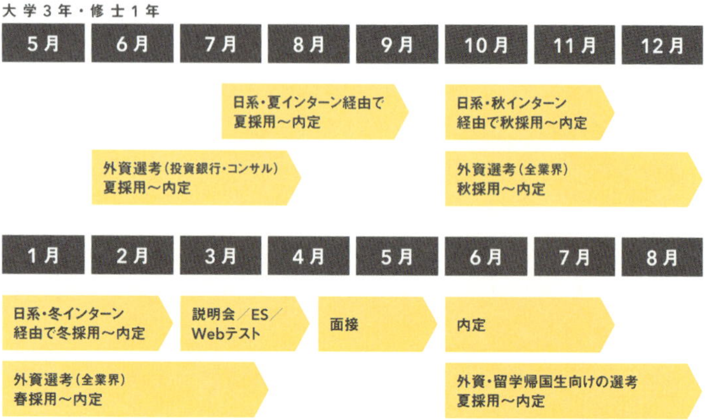

しかし、実際にこのスケジュールで動くのは東大・京大・一橋・東工・早慶などのトップ大学でもさらに限られた学生だけです。

一般的に偏差値が低い大学になればなるほど、就活の初動時期は遅くなります。これは偏差値の問題ではなく、単に「周囲が焦り始める時期」が、偏差値の高い大学ほど早いからです。

トップ層でも準備が早い学生は、2年生ごろからTOEICのスコアや自己PRへつながる経験作りなど就活を意識した行動を取っています。

しかし、トップ企業へ内定する学生でも多くは「3年生になってからWebテストやTOEICなどの対策を始め、数社は間に合わず落ちてしまったが、後日の選考で通過する」など失敗経験を積んでから内定を手にしています。大切なのは意志の力よりも「なるべく早く選考に落ち、焦る体験をすることでやる気を出す」ことです。

一方、平均的なGMARCHの学生が動く就活スケジュールは図2の通りとなります。

図2　GMARCH層の一般的な就活スケジュール

繰り返しますが、これはGMARCHの学生が非優秀だからではありません。トップの大学には外資系企業などの早期選考を志す学生が多いため、つられて周りの学生も「何かしなくては」と動き始めます。その結果、**上位大学では全体的に就活スケジュールが前倒しとなる**のです。

GMARCHだから、あるいはそれ以下の学歴だからといって早期選考へ挑む資格がなくなるわけではありません。むしろ東大生と同じスケジュールで動くことにより、一部業界を除けば彼ら・彼女らと同じスケジュールでの内定獲得も可能です。**なるべく優秀層と同じスケジュールで動くようにしましょう。**

一般的なGMARCH層が焦り始めるのは、秋・冬ごろです。彼らは、そこでインターンに参加することで早期内定を獲得します。就活解禁後は外資系企業で経験を積んだトップ層との差に苦しみますが、インターンの経験があるため「全落ち」は避けやすくなります。大手企業のグループ会社、中小企業、ベンチャー企業では有利に立ち回れることも多くなります。

最後に、**就活で苦戦する学生のスケジュール**もお見せします。

図3　就活で苦戦する学生の一般的な就活スケジュール

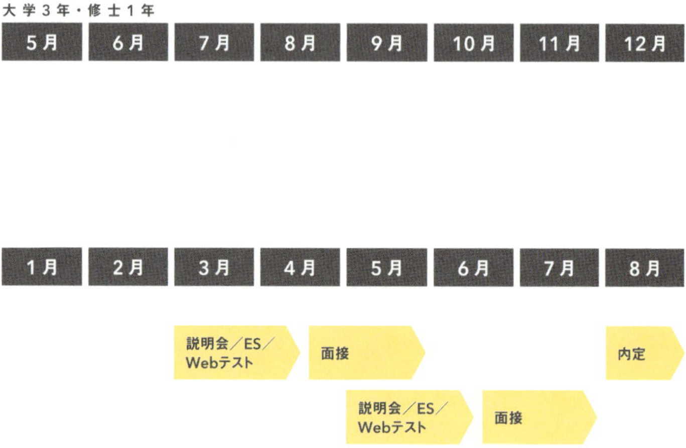

就活で苦戦しがちな学生は、マイナビ・リクナビのウェブサイトがオープンとなった日以降に動き始めます。しかしこの時期には本選考が活発となっているため、Webテストやエントリーシートの対策をする間もなく選考に追われます。

その結果、十分に対策さえしていれば通過できた企業でも、面接以前の段階で落とされてしまう確率が上がります。

また、面接へつながっても、持ち駒（応募し、選考が進み、その時点で内定候補先として残っている企業）が少なくなってしまうため新たにエントリーし続けねばならず、常に「明日が〆切」のスケジュールに追われてしまいます。

十分に準備をしないまま選考を繰り返せば、落ちる確率も高いままです。本人の能力とは関係ないのにもかかわらず、選考に落ち続けると「自分は無能なんだ」「社会人に適していないのかも」と自責し、精神的に追い詰められてしまう方も少なくありません。

外資系企業と日系企業の違い

「内定はいつ出るか」（P.22）でもお話ししましたが、就活スケジュールは日系企業と外資系企業で大きく異なります。事前にこのスケジュール感を把握していただきたく、まずはこの二者の違いをご紹介します。

ここから先を読んでもピンとこなかった方もご安心を。会社の仕組みがわからない方は、まず池上彰さんの『会社のことよくわからないまま社会人になった人へ』（海竜社）を読んでみましょう。図解でわかりやすく会社の仕組みを理解できます。

□ 日系企業

資本の一定割合を日本企業が持っている企業のことです。広義においては、本社機能が日本にある企業を意味します。

日本にある企業の大多数は日系企業のため、そもそも「日系企業」という単語でくくることも少ないでしょう。

□ 外資系企業

資本の一定割合が海外にある企業のことです。広義においては、**本社が海外にある企業**を指します。身近な企業では、紅茶の「リプトン」を作っているユニリーバ・ジャパンや、検索エンジンのグーグル、通販のアマゾンジャパンなどが当てはまります。

新卒採用を実施している主な外資系企業は下記の通りです。年によって採用を行っていない企業があったり、自社サイトからのみ応募できる企業も多かったりするため注意しましょう。

□ 新卒採用をしている主な外資系企業一覧：

※企業名は略称で記載しています。

外資系投資銀行
ゴールドマン・サックス、モルガン・スタンレー、J.P. モルガン、バンク・オブ・アメリカ、シティグループ、UBS、ドイツ銀行、バークレイズ、クレディ・スイス、BNP パリバ　など
外資系保険
AIG グループ、プルデンシャル生命保険、アフラック　など

外資系コンサルティングファーム

ベイン・アンド・カンパニー、マッキンゼー・アンド・カンパニー、A.T. カーニー、PwC、デロイト トーマツ コンサルティング、アクセンチュア、ローランド・ベルガー、アーサー・ディ・リトル、Strategy&、KPMG コンサルティング　など

外資系IT

グーグル、アマゾンジャパン、LINE、日本 IBM、日本マイクロソフト、ヤフー、日本オラクル、セールスフォース・ドットコム　など

外資系メーカー

（消費財）P&G ジャパン、ユニリーバ・ジャパン、日本ロレアル、ネスレ日本、エスティローダー、スリーエム ジャパン　など

（ラグジュアリー）LVMH ジャパン、リシュモンジャパン、タペストリー・ジャパン、メルセデス・ベンツ日本、BMW Group Japan　など

（タバコ）フィリップ モリス ジャパン、ブリティッシュ・アメリカン・タバコ　など

（化学）デュポン、ダウ・ケミカル、BASF ジャパン　など

（重工）GE ジャパン、ABB、日本ヒューレット・パッカード、日本サムスン　など

（製薬）ジョンソン・エンド・ジョンソン、ファイザー、アストラゼネカ、グラクソ・スミスクライン　など

外資系広告代理店

マッキャンエリクソン、ジオメトリー・オグルヴィ・ジャパン、ビーコンコミュニケーションズ、I&S BBDO　など

前にも述べた通り、外資系企業は日系企業よりも選考が早い傾向にあります。また選考の段階から英語力が求められるため、選考へ参加する学生の数は限られています。

ただし英語力そのものよりも「英語で物おじせず話そうとすること」を評価する企業も多いため、現時点でTOEICスコアが低くてもあきらめる必要はありません。ただし社内公用語が英語の企業もあるため、英語嫌いの方は説明会でしっかり確認しておきましょう。

入社後は年齢よりも成果で出世が決まる実力主義や、人事権が人事部ではなく上司にある点が大きな特徴です。日系企業の

多くは、年功序列といって年齢が上がれば能力の差にかかわらずある程度給与が上がるようにできています。また、部署異動や昇格などを決めるのは、上司ではなく人事部という独立した部門です。ただしいずれも例外はありますので、説明会で判断しましょう。

一般に外資系企業は優秀な学生が行くと考えられていますが、実際にはそうとは限りません。学歴での選別を撤廃している企業もありますし、実際に私の周りには、美大などの特殊な学歴から進学した方もいました。

採用基準は企業や年度にもよりますが、「協調性よりも自主性」「勤勉さよりも人へ質問して問題解決する要領のよさ」などが強く求められる傾向にあります。部署別採用を実施している企業も多いことから、自分がどのような職種でキャリアを積みたいかハッキリしている学生にとっては、望ましい選択となるでしょう。

外資系企業が持つ採用時の率直なメッセージも、就活生の好みが分かれるところです。

某外資系企業では、「次に並べる大学の学生からのみ総合職（将来幹部社員となる職種）を採用します」と宣言していました。

また、学歴差別を行わないと宣言した企業では、実際にWebテストでのみ選抜を行っていました。

日系企業では人事の「ホンネとタテマエ」が見え隠れし、真実は「察してほしい」と学生へ託す業界も少なくない中、採用のわかりやすさを好む学生には向いていると言えるでしょう。

最後に、外資系企業は難関ではありません。以前は少数精鋭のイメージが強かった外資系企業ですが、以前より採用数が増えています。各社正式な採用人数は公開されていませんが、社員からのヒアリングによると1,500人／年と大手銀行並みの採用をしている企業もあります。
「優秀者しか入れないから、自分なんて受けてもムダだ」と思い込まず、上述のような性格に当てはまりそうならばどんどんエントリーしましょう。本命企業でいきなり面接へ挑んでも惨敗するリスクがあります。早いうちからできるだけ多くの企業で練習しておけば、本命企業で余裕を持って面接へ挑めるはずです。

ちなみに、現状を把握するため、自分の就活スケジュールを作ってみるのもオススメです。無料でダウンロードできるワークシートをご用意しましたので、ご活用ください（詳細はP.13を参照）。

02

内定倍率と例年の傾向

有名企業の内定倍率は100倍以上

「無い内定」となる学生が犯す最も大きなミスは「受ける企業を絞りすぎる」ことです。ちまたの就活参考書では「やりたいことを考えて、それが実現できる企業を受けよう」と指導されることもあります。そうすると、必然的に受ける企業数は絞られますから、5社未満になることもあり得ます。

しかし、学生が知っているような企業は大半が大手企業です。そして学生のエントリーは大手企業へ集中することから、大変な高倍率となっています。

2015年のデータですが、東洋経済の調査によると、株式会社明治の事務系総合職は内定倍率が2,750倍となっており、**もはや宝くじの域**です。これほどの倍率へ至らなくても、大手企業では内定倍率が100倍を超えるところも珍しくありません。

単純な確率論で言えば、就活は「100社受けて1社受かる」倍率のゲームをしているのです。もちろん各種の対策で内定確率を上げることはできますが、5社しか受けずに全部落ちてしまい「なぜ落ちてしまったんだろう」と自分を責めることがいかに現実を無視した行動になるかはわかるでしょう。

さて、就活を宝くじのようなゲームにしない方法は2つあります。1つ目は、**自分と相性のよい企業を集中的に受けることで、内定確率を上げる**ことです。ここで重要なのは「自分が行きたい」業界ではなく「自分が向いている」業界を選ぶことです。この点については、次章で深く掘り下げます。

2つ目は、**競争率が低い企業を受ける**ことです。学生は身近で知っている企業ばかりを選んでエントリーする傾向にありますが、**誰もが知っているような大企業は、日本企業のうちわずか 0.3% に過ぎません。**また、大企業だからといって「労働環境がよい」「給与が高い」とは限りません。というのも、大企業・中小企業の定義は単に従業員数で分けられているに過ぎないからです。

たとえば、出版社の福音館書店は従業員数わずか 130 名で、分類すると中小企業にあたります。しかし売上高は驚異の 57億 6,128 万円（2017 年 7 月）を記録しています。なぜかといえば、みなさんもご存じの『ぐりとぐら』をはじめとする有名な絵本を多数出版しており、毎年安定して書籍が売れるからです。そのおかげか、年収が高い割に労働時間が短いとされ、労働環境のよさを称した「超ホワイト企業」として知られています。

また、たとえば急成長中のベンチャー企業。正社員数は絞りつつも、業務委託の社員を増やして仕事を回している会社も少なくありません。そうなると、正社員数では中小企業にあたるものの、実質的に正社員には大企業と同じ人件費を払う余裕のある企業も多いのです。

このような企業は、検索してもすぐには出てきません。しかしきちんと検索をすれば、親類縁者のツテがなくとも探し出すことができます。「就活」と肩ひじを張らず、普段から企業を検索するクセをつけておきましょう。詳しい調べ方は、次章で紹介します。

Webテストとエントリーシートが山場

「就活対策」と言うと、誰しも面接対策をしたがるものです。しかし**就活の本当の山場は、そのずっと手前にあるWebテストとエントリーシート**なのです。というのも、大半の学生はそこで落とされるからです。

企業には、面接のためだけに大量の人材がいるわけではありません。通常業務をしている他部署の人へ人事部がお願いをすることで、面接などの選考プロセスに参加してもらうのが一般的です。したがって、面接までにあらかたの学生を落として人数を絞り込まなければ「こんなに面接でさばき切れないよ！」と、面接を頼まれた社員から人事部へ苦情が入ってしまいます。

ここで、ある企業の各選考で残る人数を記しましたので、まずは下記をご覧ください。

〈ある人気企業で内定までに残る人数〉

エントリー	30,000人
Webテスト	20,000人
エントリーシート	10,000人
1次面接	1,000人
2次面接	140人
最終面接	70人
内定	50人

各面接ではせいぜい倍率10倍以下にとどまる一方、エントリーからエントリーシート通過までは30倍の高倍率となっています。当日棄権などの不戦勝もあるとは思いますが、それでもWebテストとエントリーシート提出が山場であることは否定できません。

ですから、**就活でまず始めるべきことは「Webテスト対策」。次に「エントリーシートの練習」**となります。最大の難関はこの2つにあるため、受かるかどうかもわからない企業の面接対策をする前に、この2つの対策から始めるべきでしょう。

面接対策は、実際にこの2つを通過してから始めても間に合います。面接ではエントリーシートの内容を中心に質問されるため、**よいエントリーシートを準備すれば、短い面接準備で十分な成果を発揮できる**からです。

また、同様に多くの学生が面倒に思って手を付けないのも

Web テストとエントリーシートの２領域です。グループワークや面接対策は達成感を抱きやすいのですが、Web テストとエントリーシートは自力でコツコツと努力することが求められるからです。

「センター試験でそこそこの点数だったからいけるだろう」「難易度高くないって先輩が言っていたから大丈夫」と慢心してWeb テストで落ち続ける学生が後を絶ちません。特に高学歴の方ほど楽観視しがちです。就活の Web テストの多くは難易度こそ低いものの、高速で問題を解くことが求められます。科目も英語、数学、国語、ときに社会などの時事問題と幅広く、苦手科目が１つでもあれば対策が必要です。

また、業界によっては特殊な Web テストが課されます。たとえば出版業界では３つのキーワードで作文やオチのある小説を書かせる「三題噺（さんだいばなし）」という試験が課されます。こういった特殊な Web テストは、対策なしで挑めばあっけなく玉砕することとなります。

したがって高学歴だからといえども Web テストの準備を怠れば、Web テスト全落ちもあり得るのです。「ここで頑張れば差をつけられる」と心得て、しっかり力を入れていきましょう。

学歴・外見・コネフィルター

就活を始めるうえで、無視できないフィルター（ふるい分け）が３つあります。学歴・外見・コネによるフィルターです。

□ 学歴フィルター

ハッキリと書きますが、就活で学歴差別はあります。同じ説明会に参加しようとしているはずなのに、偏差値上位の大学だと「空きあり」と表示され、それ以外の大学だと「満席」と表示されるような格差のことです。企業によっては明確に差別することを宣言してくれる、ある意味親切なところもあります。

自分は**どの企業ならフィルターを潜り抜けられるか。**それを知る**最短の方法は大学の進路実績を見ること**です。進路実績に記載されている企業であれば、かつて先輩が内定しているわけですから、ふるい分けされる恐れはほとんどありません。

また、多くの企業では「MARCH 未満は一切取らない」といった極端な学歴差別はしていません。9割以上が高学歴を占めても、常に若干名の「その他の大学」枠があります。したがって人気企業を受ける前からあきらめる必要はありません。それなりの武器は必要となりますが、可能性がゼロということはほとんどありません。

逆に、早慶未満かつ語学力などの武器がないにもかかわらず、5大総合商社（三菱商事、住友商事、三井物産、伊藤忠商事、丸紅）を受けるならば「ダメ元」ととらえるくらいが肝要です。

ただし、入社後も学歴がモノを言う業界はあります。財閥系企業（三菱、三井、住友系列）やインフラ業界（鉄道など）ではしばしば出世すらも学歴どころか、所属していた部活動で決まると報告されています。不安になったら、役員一覧から役員の学歴を調べ、偏りがないか見てみましょう。

□外見フィルター

次に「美しさ」のフィルタリングです。ワンキャリアの調査によると、人事担当者の4割が顔採用もやむなし、と認めています。特に広告代理店、美容業界、アパレル業界ではしばしば顔採用をしています。ただし人事部へ問い合わせても100%「そんなことはしていないが、清潔感のある人は社会人としても適性があるとみなす」などと、言葉を濁した回答を受け取ることになるでしょう。

なお、ユニリーバ・ジャパンが2020年3月から、性別欄・顔写真の提出を廃止。ようやく、外見差別（ルッキズム）が問題視され始めました。時代の過渡期にある今だからこそ、就活生は外見差別をどうとらえ、動くか自分で決めていきましょう。

もしあなたの行きたい業界が**顔採用をしているかどうかを知りたければ、OBOG訪問を繰り返して確認する**とよいでしょう。

□コネフィルター

コネ採用がある企業は珍しくありません。中小企業では親子代々社長が引き継がれていくことがよくありますが、これは典型的なコネ（縁故）採用です。

広告代理店では、スポンサー企業の御曹司・御令嬢を採用することがよくあります。「お宅の息子さん・娘さんを一流企業へ内定させますから、引き続きわが社を使ってください」という暗黙の了解がそこにはあります。

よく「俺は人事の先輩と親しいから」とコネを自慢する学生が現れますが、その程度のコネではほぼ選考へ影響しませんのであきらめましょう。コネとは生まれと同時に決まっているものが多く、どうしても欲しければ来世に期待するしかないのです。堂々とコネをはねのけるくらいの実力で内定を獲得しましょう。

何社受けるべきか

「倍率が高いから、多数エントリーしろ」と言われても、具体的に、何社受けるべきなのかがわからない方も多いと思います。

ディスコの調査によると、2021年の就活生は平均23.3社へエントリーしています。今は比較的就活生にとって有利な市場と言われていますから、それでも**周囲が平均20社以上受けていることは意識すべき**でしょう。

もちろん、やみくもにエントリー社数を増やすことはオススメしません。たとえば出版社と相性の悪い人材が「出版社ばかり40社エントリー」しても、全落ちする可能性のほうが高いからです。

しかし、絞り込んだ本命企業だけへエントリーすると、自分が最も行きたい企業の選考までに練習を積むことができません。何度も面接を練習して慣れ切った状態で本命企業へ挑むのと、初めての面接が本命企業になるのとでは内定率に差が出ます。したがって**必ず本命の企業の面接前に、（たとえそれが他業種・他業界であっても）本命以外の企業の選考を受ける**ようにしてください。

もしかすると選考の過程で「本来本命ではなかった企業が、最終的に自分の行くべき先に思える」ことだってあるかもしれません。筆者も最初の本命企業は東芝でしたが、新卒でP&Gへ行くことを決めました。

行きたい企業は、就活の過程でも変わっていきます。最初から決め打ちして絞りすぎないようにしましょう。

なお、まれに「3社しか受けなかったけど内定した」といったストーリーを聞かされるかもしれません。しかしそれは偶然その方が行きたい業界と、企業が求める人材像が合致したからに過ぎません。また理系や体育会では採用枠が代々継承されていることがあり「○○先生の院からは毎年5名採用」とあらかじめ決められた枠で内定できることもあります。先輩の言葉をうのみにせず、**バランスのよいエントリーを心がけてください。**

具体的には「最低でも20社」受けることをオススメします。内定倍率を考えると、それ未満は「無い内定」となるリスクをはらむからです。そして**20社には必ず、以下の企業を含めましょう。**

□ 本命企業5社

本命企業を１社へ絞らないように注意しましょう。この世に「その企業でしか得られない経験」はほとんどありません。必ず似た文化を持つ会社はありますから、**本命企業も複数抱えましょう。**

□ 関心は薄いが労働環境がよさそうな10社

次に、本命企業の取引先、子会社など関心は本命企業ほどなくとも、労働環境の条件が合致する企業を選びましょう。いわゆる滑り止めですが、最終的に勤務した結果「給与は高いし」「すぐ休めるし」といった理由で満足度高く働ける可能性もおおいにあります。

□ 関心はゼロでも労働環境がよさそうな5社

なんとなく苦手意識を抱いている業界などを、5社ほどつまみ食いします。業界が苦手であっても「この会社だけは社風が合いそう」といった意外な出会いがあり得るからです。

このようにバランスよく業界を分散させることで、自分が志望する業界とミスマッチだった場合でも内定を失わずに済みます。20社以上受ける場合は、配分を変えずにそのままエントリー社数を増やしていってください。

そして、**「1社落ちたら1社エントリーする」ことを徹底しましょう。**就活で不安になるのは持ち駒が減り、無い内定への危機感が募るからです。**常に20社以上受けている状態を作ることで、心身の健康を保ちましょう。**

よく、多数エントリーを勧めると「こんなに受けると本命企業へ集中できないのでは」とご相談をいただきます。しかしそれは逆です。**Webテストやエントリーシート、面接は、数をこなせばこなすほど慣れて楽になります。**

最初にエントリーシートを書くときは、奇想天外な質問の数々に面食らい、就活を続けられそうにないと思うかもしれません。しかし何通も「自己PR」「学生時代に頑張ったこと」を書いていれば、そのうち慣れが生じます。そして20社もエントリーするころには、「これ、前も見た」「この面接のやりとり、前もあったな」と頭を使わずとも対応できるようになるのです。

エントリーはすればするほど楽になります。**本命企業よりも選考が早い企業を受け「練習する」くらいの気持ちで挑みましょう。**

受けたい企業20社のリストアップについては、ワークシートをご用意しましたので、ご活用ください（P.13参照）。

百難隠すほどの武器2つ

先ほど学歴、外見、コネによってすでに選考ではふるい分けがされており、これらがない学生はある程度不利なレースを走ることになるとお伝えしました。

しかし、**これらのハンデを吹き飛ばす武器が2つあります。**

どちらも容易ではありませんが、今から手に入れられる武器もありますので、ざっと目を通してみてください。

1．語学力

語学力は多くのトップ企業が求めているスキルの1つです。今は日本だけを市場としているトップ企業は限られますので、純粋なスキルとしての語学力もさることながら、海外で外国人と対等に議論し、説得した経験が好まれます。また、日本でも移民が増え多言語社会になることが予想される今、語学力は大きな武器となるのです。

英語力が最もウケのよい言語ですが、次いで中国語、スペイン語も人気があります。アパレル・コスメなどファッションに近い業界ではフランス語が好まれます。行きたい業界が決まっている場合、そこに合わせて言語を選択するとよいでしょう。

なお、実際に早慶未満はまず採用しない総合商社へ、同志社大の学生が内定したことがあります。その学生は英語と中国語を得意とし、中国語で最難関の資格を持っていました。

もし現時点で就活へ使える「学生時代に頑張ったこと」のエピソードがなく、語学にも自信がなければ思い切って就職浪人を選択し、留学するのもアリです。資金がない方へも国費留学の補助金があります。また、セブ島など安価で英語学習ができる場所もありますので、お金がないからとあきらめず、最新情報を調べてみてください。

なお、現在はオンラインで海外大学・語学学校の授業を受けられる「オンライン留学」も登場しています。学校の単位として認定してもらえるかは各大学の判断によりますので、最新情報は母校の公式発表を確認してみましょう。

（参考）

□ 文部科学省「トビタテ！留学JAPAN」

留学で使える補助金・奨学金を検索できます。マイナー言語圏であれば試験なしで応募できるところもあり、留学経験を積むにはもってこいです。

https://tobitate.mext.go.jp/

2. 体育会

大学の「〜部」と命名されるスポーツ系部活動へ所属した経験は、遊ぶこともできる大学生活であえて厳しい環境を選んだストイックさから大手企業各社に好まれます。

さらに企業によってはコネの延長として「○○大学の○○部から５名」など内定枠を体育会ごとに設けていることがあります。体育会へ入部する際は、実際にどの企業へコネがあるか確認してから入部するとよいでしょう。

不利になる要素と対策

選考で有利になる条件があれば、同時に不利となる条件もあります。ここからは、具体的に学生から頻出する不利な条件と、どう見せていくかの方向性をお伝えします。

全体に共通するポイントとして、不利になる項目は**「質問されたら嘘をついてはいけないが、積極的に話さないほうがよい」**というのが正解です。質問に対し嘘をつけば、最悪の場合経歴に虚偽があったとして内定を取り消される恐れがあります。しかし質問されない限りは、あえて不利になることを話さなくてもよいのです。

たとえばあなたが誰かと仲良くなりたいとします。そのとき相手に対して、「私はズボラで2日に一度しかお風呂に入らないこともあるけれど、仲良くしてくれる？」といきなり欠点（ととらえられかねないこと）をさらしはしないでしょう。

それよりも、「○○ちゃんと前から話してみたかったんだよね。前みんなで言ってたケーキ屋さん行こうよ」と、共通点を探すのではないでしょうか。

選考も同じで、わざわざ不利になる項目を露呈する必要はありません。**ただし突っ込まれたときのために、説明する準備だけはしておきましょう。**

ここからは、各項目の対応策をお伝えします。

□ 留年

留年は海外留学経験を除くと、就活で不利になる条件の筆頭に挙げられないか……と、学生は不安視します。**しかしほとんどの企業では留年で待遇に差をつけません。**特に1年の留年では浪人との差がつかず、そもそも留年していることに気づけないからです。

2年以上留年している場合は、何をしていたか質問される確率が高まります。できれば留年している期間中から学会発表、長期インターン、数カ月以上の留学など**ポジティブな言い訳を作っておきましょう。**なお、ネガティブな理由でも親族の介護は「仕方がない」と認められやすい傾向にあります。

□ 多浪

留年とほぼ同じ扱いを受けます。特に早慶未満で2浪以上した場合は、無理に隠蔽せず「失敗経験」として語ってしまったほうが好印象です。

説明をするときはただの失敗談で終わらせず、「それから反省し、大学進学後は○○のように対策しています。その結果単位を1つも落とさずに進級しています。貴社入社後も同様に努力を続け、二度と同じ失敗をしないよう尽力してまいります」など、**失敗をフォローする後日談を足しましょう。**

□ 既往症

過去の病気・ケガに関してすでに治癒しているのであれば、書かなくてよいところがほとんどです。「挫折体験」などを質問されたときに書いてしまいたくなりますが、足の骨折など明らかに後遺症がなさそうなものを除いては避けたほうがよいエピソードとされます。

特にメンタルの不調に関しては「弊社で耐えられるのだろうか」といらぬ不安を持たせかねません。質問されない限りは、答えないほうが無難でしょう。

現在疾患を抱えている場合でも、業務にほとんど支障をきたさない花粉症などは書かなくても問題ありません。あなたが林業でスギ林の伐採へ応募するなら話は別ですが、**業務に支障をきたすものだけ申告するようにしましょう。**

なお、グレーゾーンとして「ADHDではないかとうすうす考えていたが、診断を入社後に受けて正式な処方を受けた」といった場合では、事前に申告しなくても虚偽ではないことになります。

親族との不仲

学生が意図せず話して不利になりがちなのが、親族、特に家族との不仲に関するエピソードです。「すさまじい虐待を生き延びた」などハードな経験であれば乗り越えた体験として語ることもできますが、企業は入社後どのようにチームワークを発揮できるかを知りたいため、資料として不適切です。

厚生労働省は、家庭環境などを面接で質問することは職業差別につながるとして禁止しています。しかし現実には有名企業、大手企業であっても家庭環境に関する質問をしてきます。「そんなことをする企業へはハナから行く気がない」と割り切るのも正しい選択でしょう。他方、どうしても行きたい企業が家庭環境を質問してくるのであれば、無難に「特筆するところのない、普通の家庭でした」と流すのも戦略的な方法かもしれません。

また、たとえ家庭環境が不仲であってもわざわざ主張することはありません。「不仲だった時期があるか？」と質問されたら「実は家庭環境が悪化した時期もありました」と語ってもよいですが、自分から悪印象を与える情報を出す必要はありません。

なお、なぜ家族との不仲が悪印象を与えるかというと、採用担当者が30代以上ばかりで家庭を持っている方も多いからです。自分の父親世代に向かって「父親と仲が悪く絶対に同じ業界へは行くまいと考えています」と言うのと「父親を尊敬しており、父と同じ業界を志望しました」と伝えるのでは印象が大きく変わります。

面接官の感覚で合否が決まるのは公平ではないかもしれません。しかし**面接官はその日のために訓練されたプロの人事ではなく、普通の社員です。**

ですから、採用基準は大手企業でも驚くほど主観的に決まっていきます。**普通の人に好印象を持ってもらうためにすべきことを、面接でも心がけましょう。**

なお、筆者はこういった「家庭円満」を必須とする企業の選考は、反りが合わないと感じて避けてきましたし、それでも内定は複数いただけました。「家庭円満でないから」と劣等感を抱くことはありません。「円満さを求めてくる企業が出てきたら、自分がどうするか」だけを考えておけばいいのです。

03

動く前に準備をしよう

いくらお金がかかるのか

就活で密かに頭痛の種となるのがお金の問題です。いつ面接が入るかわからない状況でバイトも入れづらく、人によっては辞めざるを得ないこともあります。

就活が長引いてしまった場合、シーズンごとに異なるスーツも入り用となるため痛い出費が待ち構えています。さらに地方出身者が都心部で就活をするなら宿代や交通費が大きなハードルにもなるでしょう。

そこで、今回は極めて具体的かつ筆者が実践した節約術をもとに、**就活で金策に頭を悩ませない方法**をお伝えします。

1～2年生の読者は今すぐ貯金しよう

まずは、表1をご覧ください。こちらは東京都の学生が都内で就活をし、30回ほど面接を経て内定した場合の就活予算です。

1社につき3回面接があるとすれば10社ほどの面接で内定

している計算になるため、かなりスムーズに選考が進んでも20万円以上必要なことがわかります。

表1　就活にかかる実費の例

項目	単価(円)	件数	小計(円)	備考
交通費	1,000	60	60,000	30回の面接・往復
スーツ(冬用)	45,000	1	45,000	INDIVI
スーツ(夏用)	45,000	1	45,000	INDIVI
シャツ	2,990	4	11,960	UNIQLO
バッグ	9,800	1	9,800	THE SUIT COMPANY
ストッキング	500	10	5,000	女性のみ
飲食費	1,000	30	30,000	30回のランチ
証明写真	800	3	2,400	履歴書添付用
書籍	1,200	4	4,800	Webテスト・TOEIC対策など
TOEIC受験料	5,725	2	11,450	
履歴書など	300	2	600	
郵便通信費	120	5	600	
総計			226,610	

トップ学生が就活をした場合の典型的なスケジュールは「外資系コンサルティングファームを受けるため学部3年生の秋冬から就活し内定。さらに翌年春夏に商社を受けるため就活を継続した」というもの。選考の時期は業界によって決まるため、順調に内定を取れる学生であっても2シーズン分のスーツ代を視野に入れねばなりません。

なお、今回は筆者が実際に着用していたINDIVIのスーツで試算しています。「もっと安いスーツでもいい」と思うかもしれませんが、安いスーツは1年以内に傷むため追加購入を余儀なくされることも多々。**いっそ思い切ってやや高めのスーツを買ったほうが安上がり**、というのが就活を経た私の感想です。

というわけで、1〜2年生の学生は今すぐ貯金を始めましょう。都内の学生なら余裕を持って30万円は貯蓄したいものです。

地方から上京する学生は 50万円近くの貯金を

さらに**地方の学生ともなれば予算は爆増**します。表2は地方学生が東京で就活すると仮定し、ホテル代と交通費を加えて概算したものです。

表2　地方学生が就活に使う実費の例

項目	単価(円)	件数	小計(円)	備考
交通費(都内)	1,000	60	60,000	30回の面接・往復
交通費(郊外)	6,000	20	120,000	地方からの上京×10往復
ホテル代	5,000	30	150,000	30泊
スーツ(冬用)	45,000	1	45,000	INDIVI
スーツ(夏用)	45,000	1	45,000	INDIVI
シャツ	2,990	4	11,960	UNIQLO
バッグ	9,800	1	9,800	THE SUIT COMPANY
飲食費	1,000	30	30,000	30回のランチ
証明写真	800	3	2,400	履歴書添付用
書籍	1,200	4	4,800	Webテスト・TOEIC対策など
TOEIC受験料	5,725	2	11,450	
履歴書など	300	2	600	
郵便通信費	120	5	600	
総計			491,610	

※交通費(郊外)は新千歳空港から羽田・成田を往復した場合で推定しています。

最近は就活生向けの学割などもあり、都内でも安いプランがあります。とはいえ面接日程は直前に決まるため航空券やホテルの早期予約割引が受けにくく、多額出費の主因となります。

50万円もの貯蓄となれば、豪華な卒業旅行の予算に匹敵するでしょう。一度海外旅行に行くつもりで、年単位のコツコツとした貯金を心がけてください。

なお、現在はコロナ禍の影響でオンラインでの説明会や面接が普及してきています。交通費や飲食費、ホテル代等を中心に、表内の金額よりも実際は低くなる可能性があります。

効率的にお金を貯める

では、すでに大学3年生・修士1年生以上の学生はどうすべきでしょうか？　答えはシンプル。**稼ぐか、節約するか**です。

まず勤務時間が変更しやすいバイトを増やしましょう。リモート勤務のアルバイトを探したり、フリーランスとして受注したりすれば自宅でも収入源ができます。実際の例でも「自宅でウェブサイト制作代行」「趣味を活かしてウェブライター」「翻訳」など複数の自宅アルバイト・フリーランス受注がありました。

アルバイトとしての雇用関係でも、ベンチャー企業のインターンなどフレックスタイムを導入している企業からの収入源を増やすことで、就活と並行した収入確保も可能です。

ここでは実際にアルバイトと就活を両立するスケジュール例をご覧ください。

〈就活生のスケジュール例〉

07：00　家を出る

08：00　インターン出勤

11：00　インターン退勤・大学へ移動しながら面接（1）対策

13：00　大学で授業を受ける

14：30　大学を出て面接へ

16：00　面接（1）終了　移動しながら面接（2）対策

18：00　面接（2）終了

20：00　家庭教師／塾講師のバイト

22：00　バイト退勤

23：00　翌日の面接対策をして就寝

ここまで忙しい日は限られるでしょうが、朝と夜にバイトを集中させることで就活と両立させることは可能です。

面接が夜20時以降に入ることはまれなため、バイトでは夜シフトを中心に入れるとよいでしょう。

フリマアプリやオークションを活用して最大10万円節約

次に節約術を紹介します。次ページの表3は、筆者も実践したコストカット案です。

筆者はスーツを**ヤフオクやメルカリ**などで購入することにより、就活・転職時に大幅なコストダウンを実現しました。アパレル・一部広告代理店・コスメ企業などファッションセンスが選考に直結する企業では、生半可なスーツは着られません。そこでブランドスーツをユーズドで手に入れ、急場をしのぎました。

表3　節約による就活諸経費コストカットの例

項目	単価（円）	件数	小計（円）	備考
交通費	1,000	60	60,000	30回の面接・往復
スーツ（冬用）	3,000	1	3,000	メルカリ・ヤフオク
スーツ（夏用）	3,000	1	3,000	メルカリ・ヤフオク
シャツ	500	4	2,000	メルカリ・ヤフオク
バッグ	2,100	1	2,100	メルカリ・ヤフオク
ストッキング	1,280	2	2,560	ネットでまとめ買い
飲食費	1,000	30	30,000	30回のランチ
証明写真	800	3	2,400	履歴書添付用
書籍	1,200	4	4,800	Webテスト・TOEIC対策など
TOEIC受験料	5,725	2	11,450	
履歴書など	20	2	40	Wordファイルで印刷
郵便通信費	120	5	600	
総計			121,950	

特に**リクルートスーツは入社後に着ないことも多いため、ユーズド市場へ大量に出回っています。**むしろこの市場を使うことで、定価では手の届かない良質な生地のスーツを身につけるチャンスです。

スーツをネットで買う際の注意点ですが、胸囲や袖丈などは自分で測定し、ジャストフィットするものを厳選してください。サイズが合わないスーツはだらしなく見えます。**ブランド名よりサイズ感を重視**し、よいスーツと巡り合ってください。

スーツ代に比べればささやかな節約ですが、履歴書をWordファイルで厚めの用紙に印刷すれば、いちいち履歴書を買うよりコストダウンできます。こういったこまめな節約で、就活を乗り切りましょう。

飲食費節約は最後の砦にしておこう

なお、就活生がやみくもにカットしがちなのが「飲食費」ですが、このコストダウンは以下3点を理由にオススメしません。

□理由1：印象悪化の原因になる

暑いのに無理して公園でおにぎりを食べ、水筒のお茶を飲む。美談ではありますが、汗でべとべとになったスーツは面接で悪印象です。雨に濡れたスーツは臭いますから、梅雨を屋外でしのぐのも得策ではありません。冬も外で無理にお弁当を食べ、かじかんだ指で筆記を受けるのはタイムロスにしかなりません。適温のカフェや飲食店で準備したほうがよいでしょう。

安価のチェーン店はさらに「ニンニク臭い」という罠が待っています。ジャンクフードは食欲をそそるためニンニクなどが入った口臭につながるメニューが多く、面接を台無しにしかねません。「受け答えは満点なのに、口が臭くて落とされた」となってはあまりに残念です。

■理由2：体調不良の原因になる

飲食費を削ってバランスの悪い食事を続けると、体調不良につながりかねません。就活費用を節約したあげく本命企業の選考の日に風邪を引いたり、やつれて不健康に見えたりすれば本末転倒です。

■理由3：面接準備時間がそがれる

選考の合間にある食事は次の選考対策をする準備時間。きちんとしたテーブルと椅子がある場所でエントリーシートを見直せば、書き込みを入れたり付箋を貼ったりする余裕ができます。

一方、外で無理にランチを済ませればものを落とさないよう気遣いしながらの面接準備となり、パフォーマンス低下へつながります。

就活はストレスがただでさえ溜まりやすいシーズン。「行ったことのないお店へ行く」ことをささやかな楽しみにするくらいがちょうどよいでしょう。

揃えるべき就活グッズ

さて、お金を貯めるめどが立ったら、就活グッズを購入しましょう。揃えるべき就活グッズは下記の通りです。

■スーツ　[必要度：★★★★★]

まず購入すべきものです。色は黒の無地が望ましいでしょう。スタイルはパンツスーツとスカートの2択から選べます。一部企業では「女性はスカートでないと選考で落とす」価値観を持っていますが、この10年でパンツスーツを選ぶ女性を差別しない企業も増えました。地域によっても「どちらでもよい」派と、「スカート優遇派」で差が見られます。ご自身が受ける業界の風土を説明会などで確認し、スタイルを選ぶとよいでしょう。

なお、スーツは通常クリーニングへ出して洗いますが、自宅でも洗濯できるウォッシャブルタイプも増えてきました。クリーニングへ出す手間が減りますので、店頭でぜひ探してみてください。

先述の通りアパレル業界など「オシャレに興味があること」を前提とする業界ではスーツブランドもこだわりが求められます。資金がない方はメルカリなどで上手に揃えましょう。

また、**スーツは、ジャストサイズのものを選びましょう。**肩幅が合わないと「ぶかぶか」あるいは「パツパツ」の印象を与えますので、試着してから肩幅で選びます。次にジャケットのボタンをかけた状態でこぶし1つ分のゆとりがあればジャストサイズです。

ジャケットのボタンは2つまたは3つのものがあります。スカートスタイルはボタンをすべて留めますが、パンツスタイルはいずれも一番下段を開けておくのがマナーです。

最後にシャツも一緒に試着して、**ジャケットの袖口からシャツが見える長さか確認しましょう。**シャツが見えないくらいの長さだと、スーツがぶかぶかに見えてしまいます。また、ジャケットやパンツのポケットにはものを入れず、バッグへ収納してください。スーツのシルエットが崩れて、だらしない印象となります。

〈スーツ　スカートスタイル〉

1 スーツはサイズが命。

就活用だけでなく、スーツはサイズが体に合っていることが重要。試着して肩幅のフィット感はもちろん、腕を動かすなどして、きつくないかなども確かめ、必ずお店の人に相談して購入しましょう。

2 袖口からブラウスを見せない。

ブラウスがジャケットの袖口から見えないよう注意。

3 ジャケットの着丈はヒップの一番高いところを目安に。

長すぎるジャケットはアンバランスに見えます。小柄な人は少し着丈の短いものを選択しても◎。

4 スカート丈は座った状態でひざ上5cm程度。

スカート丈は、椅子に座った状態でひざ上5cm程度を目安にしましょう。

バッグは床に置いた際に自立するもの、かつ、肩掛けができるタイプだと、就活で非常に重宝します。

〈スーツ　パンツスタイル〉

1 スーツはサイズが命。

就活用だけでなく、スーツはサイズが体に合っていることが重要。肩幅のフィット感はもちろん、着丈はヒップの3分の2程度隠れているかなど、必ずお店の人に相談して購入しましょう。

3 袖口から見えるシャツは1cm程度が目安。

袖口からシャツが1cm程度見えるバランスがよいと言われています。

2 ジャケットの一番下のボタンは開ける。

2つボタン・3つボタンの場合、スーツの一番下のボタンは留めません。1つボタンの場合は留めておきます。

4 ジャケットは「センターベント」を選ぶ。

背面の中央下部に1カ所切れ込みの入った「センターベント」のジャケットを選びましょう。

5 丈感はスマートさを印象づける鍵。

パンツの前面に1カ所くぼみができる長さが理想。裾上げの際は、必ずお店の人に相談を。

■シューズ　[必要度：★★★★★]

　男性はローファー以外の黒い革靴を購入しましょう。男性の革靴はプレーントゥかストレートチップが望ましいです。

　女性は黒無地のパンプスを購入しましょう。ストラップがあるシューズはカジュアルすぎるという業界もありますので、無難でいたいならストラップなしのものを。

〈プレーントゥの靴〉

〈ストレートチップの靴〉

〈無地のパンプス〉

■ワイシャツ　[必要度：★★★★★]

　白い無地のワイシャツを複数購入しましょう。スーツは毎日洗いませんが、ワイシャツは着るたびに洗うので何枚も必要です。ブランドはファストファッションでも構いませんが、シワがあると清潔感が薄れるためアイロンがけを忘れずに。なお、アイロンがいらない「ノーアイロンシャツ」「形状記憶シャツ」もありますので店員さんに聞いてみましょう。

■ネクタイ　[必要度：★★★★★]

男性のみ。ネクタイはスーツと同等の必須アイテムです。今のうちに結び方を覚えて、慣れておきましょう。柄はシンプルなものが好まれます。真っ黒と真っ白は冠婚葬祭向きなのでNG。

また、派手すぎる色も避けましょう。レジメンタル（斜めストライプ）のネクタイはカジュアルめな業界でのみ使えます。**保守的な業界を受けるなら小紋柄**を選びましょう。

〈青のレジメンタルネクタイ〉

〈グレーの小紋ネクタイ〉

■ストッキング・靴下　[必要度：★★★★★]

男性は靴下、女性はストッキングを購入しましょう。靴下はくるぶし以上の長さで黒か紺、ストッキングはベージュを選んでください。スポーツソックスや黒のタイツは多くの企業でカジュアルウェアとみなされますので注意しましょう。

■コート ［必要度：★★★★★］

秋口～春先にかけて必要なコート。モッズコートなどのカジュアルなコートはNGです。トレンチコート、シンプルなステンカラーコートなどが望ましいです。秋～春まで使い回せるよう、裏地を取り外せるライナー付きがオススメです。企業に伺う際は、建物に入る前に必ず入口でコートを脱ぎ、畳んで手に持つようにしましょう。

コートは秋～春まで着られるよう、ライナー（裏地）が取り外せるタイプのものがベスト。コートは建物に入る前に脱ぎ、畳んで持ちましょう。

□ バッグ　［必要度：★★★★★］

スタンドアローン（手を離しても自立する）でA4サイズの書類が入るビジネスバッグを購入しましょう。肩掛けできる持ち手の長さを意識すると、重い荷物も苦になりません。色は黒が望ましいです。

□ 筆記具　［必要度：★★★★★］

大学でタブレットなどで筆記をしている方も、就活用にノートとペンを準備しましょう。グループワークや面接で使用することがあるからです。電卓も使うことがあるので、持ち込み不可となりやすいスマートフォン以外で1台持っておくと重宝します。

□ パソコン　［必要度：★★★★☆］

選考手続きのほとんどはウェブ上で行われます。長文を閲覧・送信するにはパソコンのほうが適しているためスマートフォンがある方もパソコンを利用しましょう。新品が高くて購入できない方は中古ショップをご利用ください。

なお、古いパソコンはバッテリーのもち時間が2時間未満と短いものも多くありますので、予備バッテリーが手に入るかも確認しておくとよいでしょう。

Webテストはパソコンでしか受験できず、シーズンになると大学のパソコンが学生の奪い合いとなります。購入できない場合は、大学ではなくネットカフェから接続しましょう。

□ 腕時計　［必要度：★★★★☆］

Webテストやグループワークで制限時間を計測するために

使います。スマートフォンは使えないことが多くあり、普段スマホで時計を見ている方も腕時計が必要です。素材はステンレスか黒の革が望ましいです。

デジタル時計はカジュアルな印象を与えるため、アナログ時計を選ぶようにしましょう。ブランドはそこまでこだわらず、むしろ高級すぎるブランドを避けるようにしましょう。

□ プリンター ［必要度：★★★☆☆］

大学やコンビニでも利用できますが印刷物が増えるため、いっそ買ってしまうのも一計です。プリンター本体は安くともインク代がかさむ機種もあるため、注意して購入してください。なお中古ショップでも高品質なものが手に入りやすくなっています。

□ 予備ストッキング、ヘアゴム［必要度：★★☆☆☆］

ストッキングは驚くほどよく伝線します。コンビニでも購入できますが高くつくので、量販店でまとめ買いして**予備を持ち歩く**のがベスト。

また、**髪が肩より長く伸びている場合は、結ぶのがマナー**とされています。ポニーテールが一般的ですが、上品に見せたいならハーフアップも問題ありません。ヘアゴムの色は黒。

オススメショップ一覧

就活で筆者がオススメするショップの例は次の通りです。ただし該当するショップの商品すべてが条件を満たしているわけではありません。**必ず店員さんへ聞くなどして就活にふさわしいものを選んでもらいましょう。**

これ以外にもふさわしいお店は多数あります。自分の好みの範囲内で就活にふさわしい服装を選ぶこともモチベーションアップにつながりますので、制約しすぎない形で選びましょう。

・スーツ・バッグ・ネクタイ

THE SUIT COMPANY（ザ・スーツカンパニー）、AOKI（アオキ）、SUIT SELECT、洋服の青山、コナカ、など

・ワイシャツ

上記に加えUNIQLO、無印良品、など

・シューズ

（メンズ）上記に加えONLY、KENFORD、REGAL、Clarks、ORIHICA、Trading Post、など

（レディース）上記に加えサクセスウォーク、Medica Escort、YOSHITO、water massage、NUMBER TWENTY-ONE、AKAKURA、など

・腕時計

CASIO、SEIKO、CITIZEN、など

ここまで揃えたら、就活の準備は完了です。次の章から、具体的な選考対策へ進みましょう。

Chapter 01 ——まとめ

- 就活は優秀層ほど早く動く。内定が欲しければ今動こう。
- 誰もが知っている有名企業の内定倍率は100倍以上。受ける企業は興味のない業界も含め最低20社は確保しよう。
- 就活で嘘はつかないほうがよい。ただ、もう治った病気の既往歴などあえて不利になることを申告する必要もない。
- 就活資金は30万円から50万円必要。今のうちに節約と貯蓄を。
- 就活グッズは店員さんのアドバイスをもらいながら選ぼう。

Chapter 02

ゲーム感覚でこなせばOK

自己／企業分析

01

自己分析を独学でするな

企業は「あなた」に興味がない！

就活のアドバイスを見ていると「自分が何をしたいか考えなさい」という指導が散見されます。しかし究極的に申し上げれば、企業はあなたが何をやりたいかについて、一切興味はありません。

企業が関心を持っているのは、あなたが会社でカネを稼げるかどうかの１点のみです。この点を踏まえず、率直に問いへ答えると、内定はおろかエントリーシートで選考落ちとなります。以下に代表的な質問と、企業が質問する意図を書きましたので、「企業側の考え方」をざっとインプットしてみてください。

〈代表的な選考時の質問と採用担当者の目的〉

□ 会社を志望する動機

採用担当者が質問する目的：自分を商品にたとえて**「私はカネを御社へもたらす人材ですから、雇う価値があります」と営業行為ができるか**を見ている。決してあなたが本当に志望している理由を知りたいのではない。ここで「給与がいいからです」

と率直に答えてしまう人材は、雇ってもプレゼンや営業の場で本音と建前を使い分けられない人間なので敬遠される。

□ 挫折経験

採用担当者が質問する目的：**会社でストレスを受けても乗り越えられるかどうか**を見ている。したがって、企業でも実際に発生しそうな「チームワーク上のストレスをはねのけ成長した経験」が求められる。乗り越えられなかった挫折体験や、個人的すぎる体験（例、肉親の死）を書いても通過率は低い。

□ 学生時代に力を入れたこと

採用担当者が質問する目的：**企業で自主的に仕事を作り、追加の売上／利益をもたらす人間か**を見ている。授業など与えられたものをこなすだけではなく、自分で仕事を増やせる人間が望ましいため、サークル活動や留学、アルバイト経験が好まれやすい。資格の勉強は後述する「企業が求めるエピソードの3要素」に当てはまりにくいため注意。起業経験は実際の仕事に近いので好まれる反面、「すぐに離職して独立してしまうのでは」と危機感を抱かせるため、説明時に「会社を裏切らなそう」な理由付けも必要。

このように、設問の意図はすべて**「会社でやっていけそうな人間か」をチェックするため**に存在しています。

たとえば「10年後何をしたいですか」といった設問が出たとき「私は将来何がしたい人間なんだろう」と自己分析に時間を割いてもムダです。それよりも「この企業は何を10年後にやりたいこととして提案したら、私が辞めなそうだと判断するだろうか。嘘をつかない範囲で答えを想像して書こう」と考えましょう。もちろん、本当にやりたいことがハッキリしている方は、それを書くべきでしょう。また、10年後の夢に合わせた業界を選んで就活されたほうがよいと思います。

しかし私も含め、99%の就活生は10年後をハッキリと想像する前の段階で就活と対峙するかと思います。ましてや働いたこともないのに、社内でどういう職務を負いたいかなど述べるすべもありません。そういった大多数の方はひとまず、採用側の立場を考え、協調性ある回答を想定していただくだけでも100点です。

では、自己分析はやらないほうがいいのでしょうか？　それも答えはNOです。人には特技と苦手分野があります。苦手な業務を40年繰り返す職種へ就くよりも、得意な業務で常に評価されたほうが働いていてやりがいを感じられることでしょう。

したがって**「やりたいこと」ではなく「得意なこと」を自己分析し、得意なことで評価してもらえる企業を探す**ことをオススメします。次の項目からは、具体的に**自分の強みと企業が求める人材像を合致させていく方法**をご案内します。

企業が求めるエピソードの3要素

どのような企業でもこれから述べる3つの要素がある人間

は重宝されます。これからエントリーシートや面接、グループワークと多種多様な選考が課されますが、問われているのは主に以下の3点だと肝に銘じましょう。

〈企業が求める人材の3要素〉

□自主的に動ける人間

仕事を自ら作る人間は､会社へさらなる利益をもたらします。したがって、採用においては「与えられた課題ではなく、自分で課題を発見し、解決できる人間」は好まれます。たとえばアルバイト1つ取っても、シフト通り出勤しただけの方よりも業務改善を積極的に行った方が好まれます。

□他人と協働できる人間

ほとんどの仕事はチームワークによって成り立っています。そのため、内定したければ**チームでどのような役割を果たせるかを示す**必要があります。チームワークには「リーダーとしてチームを率いる」以外にも「大きなトラブルを未然に防ぐ」「落ちこぼれた人を助ける」「目上の方を説得する」など、さまざまなスタイルがありますので引っ込み思案な方も安心してください。

□数的成果を出す人間

企業が存在する目的はカネを稼ぐことです。したがって数字で見える成果、もっとストレートに申し上げるとカネを稼げる人間が採用の場においても重宝されます。

典型的な例は「アルバイトで売上を○%向上させた」など実

際に稼いだ成果です。もしくは損失を減らす・防ぐ経験も好まれます。たとえば「アルバイト先の離職率を下げて採用コストを削減した」「趣味を黒字化した」「文化祭で売る食料の廃棄率削減」などが該当します。

逆に、学生目線では就活で評価されそうに見えるエピソードでも、採用担当者から見ると「この学生が弊社でカネを稼いでくれそうか資料として不十分」なため落ちやすくなるものがあります。これまでの相談例から、典型的な「実は落ちやすいエピソード」をご紹介します。

〈実は落ちやすい就活エピソード〉

□ 自転車旅行／バックパック経験

体力を示すことはできますが、上記3要素のうち「自主的に動ける人間」であることしか示すことができていません。たとえば同じ自転車日本一周でも、「5人でチームを組んで脱落しそうな仲間を支え完走し、それを動画配信して収益化した」なら、3要素すべてを満たすため通過率はぐっと上がるでしょう。

□ 資格試験や勉強で頑張った経験

勉学へ励んだ努力は素晴らしいのですが、こちらも「自主的に動ける人間」である点しか示すことができません。受ける企業で必須となる資格であれば有利に働きますが、それ以外の分野ではよい反応を得られないでしょう。最悪「その資格じゃ就職できなくて仕方なくウチを受けているのかな？」と邪推される恐れすらあります。

同じエピソードでもたとえば「10人で勉強会を開催し全員合格できた。さらにそのときの勉強ノートをPDF化して1,000円でオンライン販売し安定収入を得ている」なら、3要素をすべて満たすことができます。

□ 趣味／ボランティア経験

熱中することがあるのは素晴らしいのですが、趣味をどんなに頑張っても企業の利益にはつながりません。特に「人から喜んでいただけた」などの質的成果は採用担当者から見ると「よかったね、それで君は弊社でいくらカネを稼げるの？」とツッコミたくなる余地を作ってしまいます。趣味やボランティア経験について語るときは、事業として黒字化へ励んだ経験や働かないメンバーにやる気を出させた経験など、企業の収益化へつながりそうなエピソードにすれば、通過率を飛躍的に上げられます。

ここまでご覧になって「自分にはとてもそんな経験はない」と萎縮された方もいらっしゃるかもしれません。

しかし、**企業は偉大な数的成果を求めているわけではありません。**たとえば「アルバイト先で当日が消費期限のパンを割引販売するよう提案し、売り場の利益率を5％改善した」というエピソードは偉大な成果ではありませんが、着実に内定へ近づく3要素を満たしています。

そして逆に1つ、学生が書かない割には面接官から「カネを稼げそうな人」と認識されやすい話題をお伝えします。それは

「年上から気に入られる」エピソードです。

あなたがこれから入社して、自分の意見や企画を通すために説得するのは年上の先輩方です。先輩方から気に入られる能力は、立派な「企画を通し、カネを作る」能力として売り込めます。その際も必ず3要素に当てはめて「アルバイト／サークル／部活などで、目上の方へ根回しをしてやりたいことを実現し、数字で見える成果を出した」と説明しましょう。

さて、実際に「企業が求めるエピソード」に当てはまる自分の経験を書き出してみるワークシートもご用意しましたので、ぜひご活用ください（P.13参照）。

02

正しい自己分析のステップ

企業が求める5つの強み

ここからはさらに深掘りして、**企業ごとにあなたが売り込む強み**を考えていきましょう。多くの人気企業では、心理テストをWebテストに課して自社へ適した人材かどうかをチェックしています。**特に採用されているのが「ビッグ・ファイブ」による評価**です。ビッグ・ファイブは人間を「協調性」「外向性」「好奇心の強さ（開放性）」「情緒安定性（神経症傾向）」「勤勉性」という5つの特性で評価し、どういう人材か見ています。

すべての評価項目で高得点を取る必要はありません。むしろ、企業によって「外向性が高い人がいい、勤勉性は特に求めない」「協調性が一番、外向性はないほうがいい」といった好みがあります。

したがって、内定へ近づきたければ以下の手順を踏んで自己分析をしていきましょう。

1.自分がビッグ・ファイブでどの適性を持つか診断

正確な診断には「NEO-PI-R」というテストを受けねばなり

ませんが、最小販売部数が20部ということもあり、個人で購入するには厳しい試験です。簡易版であればネットで簡単に受けられますので、まずはネットで無料診断をしてみましょう。そして診断結果を見て、自分がどの特性を強く持っているか理解しましょう。

【ビッグファイブ プラス】 5つの性格診断プラスα　質問表
http://www.sinritest.com/bigfive01.html

2. 保護者や友達へ自分にどの要素が強いか聞く

あなたの周りに長く付き合いがあって、さらに毒舌を振るってくれる人はいるでしょうか？　その方へビッグ・ファイブの評価基準を見せて「ビッグ・ファイブの要素で通知表を作るなら、5段階評価で自分はどのくらい？」と質問してみましょう。周囲の方から「協調性は4だけど、勤勉性は2かな」などと答えてもらうことで、自分の特性がわかります。

もし自分で受けたビッグ・ファイブのテスト結果と周囲の評価にギャップがあったら、周囲の言葉を優先してください。あなたの認識がどうであれ、面接官はあなたを周囲から見たように解釈するからです。ここで自己認識と周囲とのギャップを知ることはとても重要です。というのも「私はこれが得意なはずだ」と思い込んで、実はそう評価してもらえずに選考で落ち続ける事例が後を絶たないからです。

実際のビッグ・ファイブを用いた選考上のテストでも、「自己ギャップ」というひっかけ問題が課されます。「自己ギャップ」とは、自分で認識している「私はこういう特性を持つ人間だ」という像と、他人から見た像に大きな隔たりがないか見るものです。

もし先ほどのテストで自己ギャップのスコアが高く表示されたり、周囲と自分の診断結果に大きな差があったりするならば、あなたは等身大の自分からかけ離れた、無理な自己認識を抱いているかもしれません。

心理テストは受験し慣れれば通過率を上げられますが、内定後に「自分が得意だと思っていた業務が、実は苦手だった」と苦労する可能性があります。今のうちにキャリアカウンセリング、コーチングなど専門家へ相談することで、自己ギャップを小さくしていきましょう。

各企業が求める理想の人材を分析する

ビッグ・ファイブを用いた「自分が持つ特性」の分析ができたら、次に**自分が持つ特性を好んでくれそうな企業を探しましょう。**探し方としては**OBOG訪問や合同説明会**（複数の企業が参加する大型の説明会）**で理想的な人材像を聞き、自分で5段階評価をつけていきます。**

たとえば、私が就活当時にメモしていた企業ごとの人材像はこちらの通りです。当時のメモですから、現在の人材像は異なる可能性があります。必ず自分の足で現在の企業が採用したい人材像を確認しましょう。

〈ビッグ・ファイブを用いた人材像のメモ例〉

□ **電通：**

協調性	★★★☆☆
外向性	★★★★★
好奇心の強さ	★★★★☆
情緒安定性	★★★☆☆
勤勉性	★☆☆☆☆

□ **花王：**

協調性	★★★★★
外向性	★☆☆☆☆
好奇心の強さ	★★☆☆☆
情緒安定性	★★★★☆
勤勉性	★★★★☆

このように、有名企業2社を比較しても求められる人材像は大きく異なります。できる限り多くの企業の説明を聞き、自分の特性とマッチしそうな企業を探していきましょう。

説明会で人材像を聞いただけでは、ビッグ・ファイブのうちどの特性を求められているかピンとこないかもしれません。そのときはまず、**「年次が上の社員がおっしゃっていることを優先」**しましょう。

たとえば若手が「今年は違う人材を採るぞ」と決意して、これまでにない特性を望んだとします。しかしその合意がしっかり役員クラスの社員まで取られておらず、社員によってちぐはぐな人材像を語られてしまうことは残念ながらよくあることです。しかし**最終的に採用決定権を持つのは年次が上の社員。**説明会では最も年次が上の社員が誰かを確認し、その方が求めそうな人材像を特性ごとに分析しましょう。

どうしても行きたい企業が、自分の特性とマッチしないこともあるかもしれません。「受けるな」とまでは言いませんが、難易度が高いことは覚悟しておいてください。あなたが強みとする部分が一切評価されず、苦手な点を求められる可能性が高いからです。

入社後長ければ10年ほど続く苦労を覚悟できるなら、今から弱い特性を鍛える経験を探し、克服していってください。

ただ筆者の個人的な思いとしては、**強みをそのまま評価してもらえる企業を探したほうが、入社後も活躍できる可能性が高い**ためオススメです。

強みを割り出す2つのメソッド

ここまでは就活で使われる心理テストの評価項目にしたがって自己分析をしてきましたが、エントリー以降はもっと具体的な強みの説明が求められます。そこで、2つの代表的な方法で自分の強みを具体的に言語化していきましょう。

1. ストレングスファインダー®

ストレングスファインダー®とは、アメリカのギャラップ社が開発した心理テストです。177個の質問に答えることで、34の強みからあなたが持っている上位5つの強みを診断してくれます。正式名称は「クリフストレングス」に変更されましたが、日本では依然「ストレングスファインダー」と呼ばれることが一般的です。

診断の最も手軽な方法は、書籍『さあ、才能(じぶん)に目覚めよう 新版 ストレングス・ファインダー2.0』(トム・ラス著・古屋博子訳/日本経済新聞出版社)を購入し、本に付属するアクセスコードを入力してオンラインテストを受けることです。**アクセスコードは一度しか使えないため、中古本のアクセスコードは使えないことがままあります。**必ず新品を購入してください。

公式サイトからは34のランキングすべてを見る診断も購入できますが、英語交じりのウェブサイト・ドルによる会計などとっつきにくい面も目立ちますので、初心者は書籍購入をオススメします。

□ 公式サイト　ストレングスファインダー®

https://www.gallupstrengthscenter.com/

また、簡易的ですが、5つの強み(協調性・情緒安定性・外向性・好奇心の強さ・勤勉性)を5段階評価して自分の評価軸を作れるワークシートも用意しましたので、ぜひご活用ください(P.13参照)。

2. 弱みの反転

診断よりも**手軽に強みを分析する方法として、「自分が弱みだと思っていることを言い換える」**こともできます。

たとえば「せっかち」という弱みは「決断力がある」という強みでもあります。このように言葉を言い換えることで、強みと弱みを相互に説明できるのです。次ページの一覧において紹介する反転させる言葉は正確な対義語ではありません。企業に好印象を維持してもらいつつ説明する言葉を選んでいますから、Webテスト上の参考とはならない点にご留意ください。

強み・弱みを反転させて説明するメリットは、選考〆切10分前でもできる手軽さです。一方デメリットは、あくまで自己判断のため客観性がなく独りよがりな自己分析となるリスクがある点です。

筆者も学生から「私は外向的な人間で、誰とでも仲良くなれます」といかにも内気そうな方からお話しされてびっくりしたことは一度や二度ではありません。強み・弱みを思いついた時点で、「私ってこれが強み・弱みだと思う？」と周囲の人へ質問して確認を取りましょう。

ここからは、典型的な強み・弱みをリストアップしました。エントリーシートや面接で言語化するときの参考となれば幸いです。

□典型的な強み・弱み一覧：

強み		弱み
真面目	⇔	四角四面になりがち
臨機応変に動ける	⇔	計画性がない
決断力がある	⇔	せっかち
分析力が高い	⇔	レッテルを貼りがち
勤勉	⇔	働きすぎる
丁寧・正確	⇔	細かい
素直	⇔	人の意見を聞きすぎる
最後までやり遂げる	⇔	頑固
粘り強い	⇔	あきらめが悪い
ポジティブ・明るい	⇔	楽観視しすぎる
現実的	⇔	悲観的
じっくり取り組む	⇔	丁寧すぎて作業が遅い
協調性が高い	⇔	反対意見を言い出せない
変化を楽しむ	⇔	目移りする
落ち着いている	⇔	鈍感
体力がある	⇔	根性をアテにしすぎる
人から好かれる	⇔	人へ依存する
自立している	⇔	人に頼るのが下手
行動力がある	⇔	考える前に動いてしまう
しっかり者	⇔	堅すぎる
共感力が高い	⇔	人へ厳しくできない
気が利く	⇔	気を遣いすぎる
サポートが得意	⇔	主体性がない
リーダーシップがある	⇔	個々の意見をないがしろにする

自分の強みと弱みを理解できたら、その強み・弱みを補強する過去のエピソードを思い出し、箇条書きにしてみましょう。まだ正式な文章として書き起こす必要はありませんが、ゆくゆくは選考で語ることとなります。今のうちに「そういえば気が利くと褒められた経験としてこんなことがあったな」と思い起こし、箇条書きで残しておくことは、選考でとっさの質問にも答えられる内定への基礎力となります。

弱みをわざわざ書かなくてよい

先ほど「正確な弱みではなく、企業の好印象を維持しつつ弱みを説明する」と書いた通り、**わざわざ弱みを丁寧に書く必要はありません。**

想像してみてください。あなたが新しいボールペンを買うとして、「しっかり濃いインクが出ます、安心１年保証」と言われるのと、「しっかり濃いインクが出る代わりに、他社の半分に満たない寿命の１年でインクが切れます」と言われるのとでは、どちらの印象がよいでしょうか。どちらも同じことを言われているのに、前者のほうが好印象なはずです。

面接はあなたが会社へ利益をもたらす人材だと売り込む営業活動です。嘘をついて欠点を隠す必要はありませんが、わざわざ悪印象を持たれるキャッチコピーを作ってはもったいないでしょう。弱みを説明するときこそ、悪印象へつながらないよう丁寧な言葉遣いをしてください。

03

企業分析は自宅で始めよう

誰でも読めるIR情報

ここまでは「自己分析」として主にあなたの強みを考えていただきました。ここからは**あなたに合う企業を分析していきましょう。**合同説明会やOBOG訪問、採用ページの文言から「この企業なら自分の特性を活かせそうだ」「自分の強みと、会社が求める強みが一緒だ」と思える会社をリストアップしてください。

そこまでできたら、1社ごとの分析をしていきます。ここで調べた内容は、主に志望動機の資料となります。特に**日系企業では志望動機の説得力が内定を左右するため、企業分析にはしっかりと時間を取ってください。**

企業分析は主に2つの項目を見ます。
1つは**「企業がどういった事業でお金を儲けているのか」**。
もう1つは**「どんな人材が生き生きと働けるのか」の2点**です。具体的には、次の情報を見て分析していきます。

1. その企業がどういった事業でお金を儲けているか

株式会社として上場していれば、企業は収益について公開せねばなりません。多くの方が応募される有名企業はどれも上場企業ですから、ネットで簡単に決算報告を見られます。しかもたいていは「個人投資家のみなさまへ」といって、私たちのような一般人も株を買えるようにやさしい資料が公開されています。

会計知識がない方も、まずは安心して**企業の投資家情報を見てみましょう。**

投資家情報は「企業名　IR 情報」で検索すると簡単に出てきます。IR とは Investor Relations（投資家関係）の略称です。

ここからはイメージをお伝えするため、架空の企業（A 商事）のサイトイメージを作成してみたので、この IR 情報をどのように活用するのか、見てみましょう。

企業の公式サイトに行くと、たいていはメニュー部分、もしくはページ下部に「IR(投資家情報)」と記載があるので、クリックします。

多彩な情報が載っていることが多いですが、まずは「個人投資家のみなさまへ」という部分を選択します。

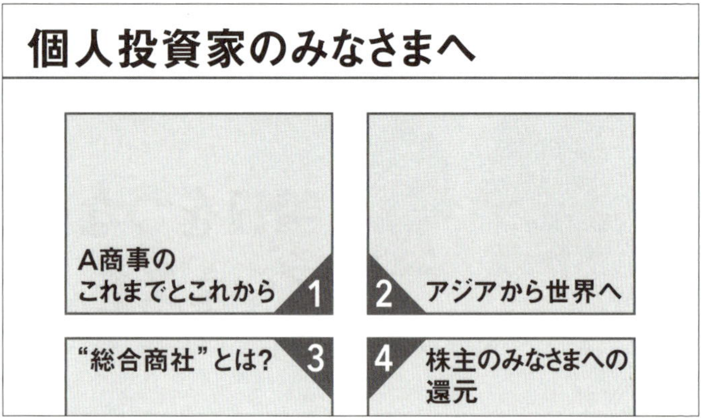

「個人投資家のみなさまへ」を開いてみると、たとえば「成長目標」「どの分野で儲かっているか」「グローバル展開を重視している」などといったA商事のIR情報がやさしく説明されています。

こういった「個人投資家のみなさまへ」から遷移できるページとして、業界説明がついていることもあります。これはA商事以外の商社が本命の人であっても、見逃せないページでしょう。

さらに、**「決算ハイライト」などのページでは、どの事業分野で儲かったかの詳細が掲載されています。**

たとえばP.90の図を見ると、A商事の分野別増減がグラフ化されているのがわかります。全体では700億円の増益ですが、一部分野では15億円の赤字を計上しています。さらに「決算説明会資料」などのプレゼン資料を読むと、増減の理由もわかります。

1社を見ただけでは十分ではありません。さらに**競合他社と比較**すれば、もっと理解が深まります。

たとえば競合他社であるB商事やC商事が主に資源貿易で利益を得てきたとわかれば、これらの競合と比較して、A商事は何で収益を得てきたか比較できます。

このように他社と見比べると、同じ業界でもそれぞれの会社の強みが見えてきます。また、一度に複数社を比べられるため一気に数社分の企業分析を進められるメリットも。

たとえば、競合他社も分析することで、「このA商事は、貿易事業から脱却して企業買収など金融業で儲けていきたいんだな」「中国へ進出する意欲が最も強いのはこのA商事だ」といった理解が深まります。

そして、さらに**中期経営計画のページを見ることで、その企業がこれからどこへ投資するかを知ることも可能**です。

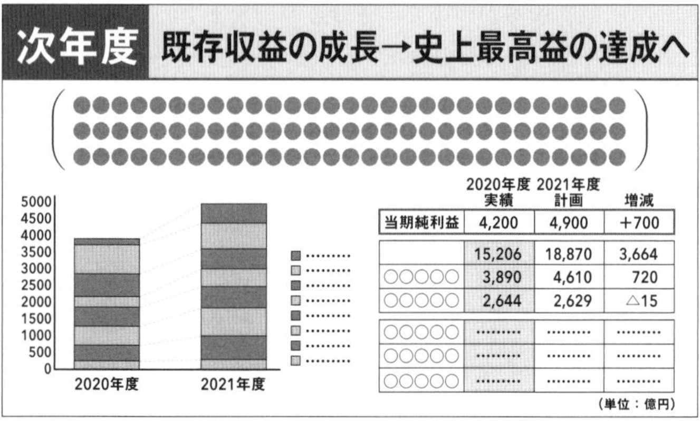

次年度 既存収益の成長→史上最高益の達成へ

	2020年度 実績	2021年度 計画	増減
当期純利益	4,200	4,900	+700
	15,206	18,870	3,664
○○○○○	3,890	4,610	720
○○○○○	2,644	2,629	△15
○○○○○	………	………	………
○○○○○	………	………	………
○○○○○	………	………	………

(単位：億円)

こちらはA商事の中期計画です。これを見ると、将来、各分野で企業が自社をどう伸ばす・縮小させるつもりかも見えてきます。たとえば、「○○分野で儲けていたのはまぐれ扱いで、ここへ重点投資して儲け続ける見込みはない」ことなどが推測できるのです。

企業がどのようにお金を儲けているか、そしてこれからどう儲けるつもりかがわかったら、次に**「これからこの企業が投資する分野で必要そうな人材はどんな人間だろう」**と考えてみてください。

たとえば、今期目標を見て、A商事は情報分野での投資を検討していたとします。であれば「自分でプログラミングし、最寄り駅でSuicaをタッチしたら自宅のお風呂を沸かす仕組みを作り販売した」経験などがあれば、ITリテラシーの高さを示すエピソードとして重宝されそうだと予測することができます。

これはあくまで一例に過ぎません。**企業がどの分野へ投資していくつもりなのか**、中期計画の説明会資料を探して読み、分析してください。そのうえで、「それなら自分のこんなところがこの会社で役立つとアピールしよう」と戦略を立てましょう。「中国語人材が全くいらない企業へ、自分の中国語能力を売り込む」といった**見当外れの志望動機作りは、企業の事業内容を知ることで必ず防げる**のです。

転職口コミサイトは宝の山

2. その企業で活躍するのはどんな人か

「会社がどこで儲けていそうか」がわかったら、次に**「そこで活躍するのはどんな人か」**を調べましょう。転職口コミサイトがリアルな声を見る最も確実な手段です。筆者は特にOpenWork（https://www.vorkers.com/）と就活会議（https://syukatsu-kaigi.jp/）をオススメしています。

OpenWorkは転職者が企業の口コミを書くポータルサイトです。ワンキャリアやマイナビなど大手新卒採用サービスとつながっており、同時に会員登録すれば無料で全資料を閲覧できます。

株式上場しておらず財務状況を分析できない企業でも、OpenWork や就活会議であれば口コミベースで企業の現状を見ることができます（ただし、就活会議は会員登録すると就活エージェントからの支援もセットになっています）。

ここではイメージをお伝えするため、架空の企業の口コミページ（外資系消費財メーカー）を作成しましたので、口コミ情報サイトをどのように活用するか見てみましょう。

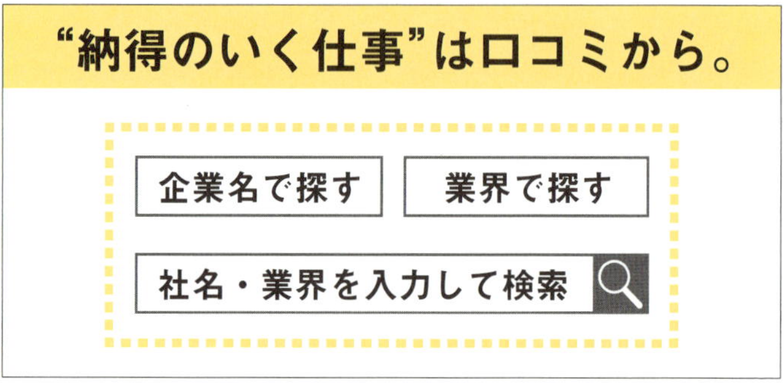

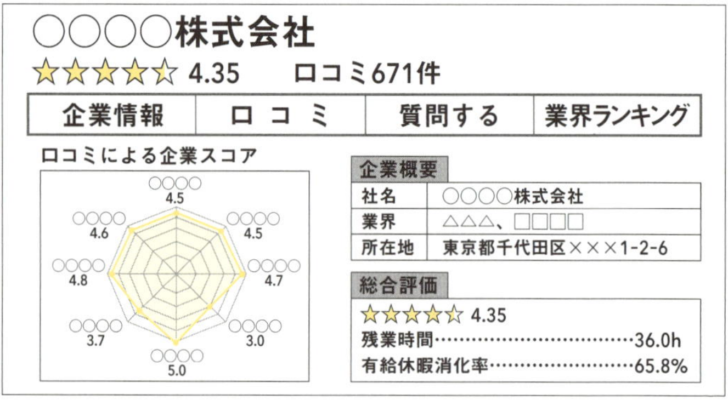

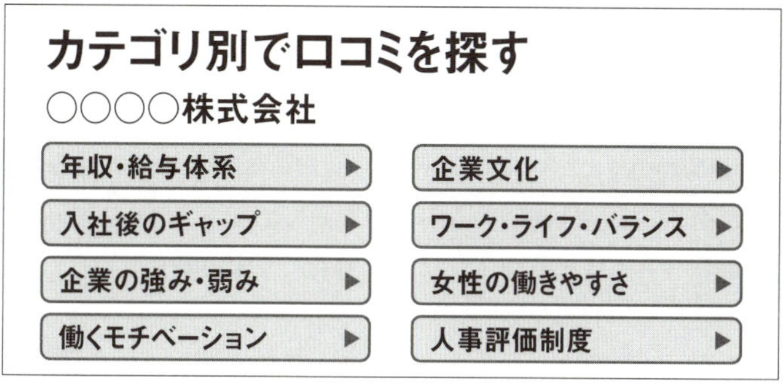

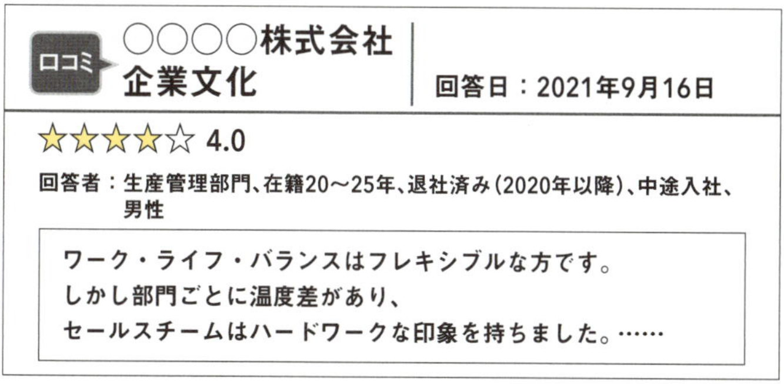

こういった転職口コミサイトでは、給与や有給休暇消化率などの基礎的な情報が得られるほか、「採用における競合他社がどこなのか」なども見られます。

また、個別の口コミからは社員の言葉で「一般的に控えめな職種とされている工場の生産部門ですらカタカナ・外来語が多用されている」「部署ごとに文化が大きく異なる」など、多彩な情報を得られます。

ただし、口コミサイトで人気だからといって、安直にエントリーするのはやめましょう。何度も繰り返しますが、**自己分析・**

企業分析はあなたの強みとマッチする企業を探すことが目的です。「人気企業だから」「福利厚生が優れているから」といってあなたが働きやすい環境とは限りません。必ずエントリー前に「自分の特性と合いそうだろうか？」「口コミを見る限りビッグ・ファイブの協調性が強い人材が集まっていそうだが、自分はここでやっていけそうか？」などと考えてください。

こういった口コミサイトに掲載されている情報には、個人のバイアスがかかっています。また、年度によって社風ががらりと変わる可能性もあります。口コミだけで企業分析を済ませるのではなく、OBOG 訪問で「この社風は本当ですか？」「これは部署特有の風土ですか、それとも社風として浸透していますか」といった検証をしていきましょう。詳しくは Chapter 04「OBOG 訪問とリクルーター面談」をご覧ください。

OBOG 訪問は選考と同時並行でも行えるため、ここまで自己・企業分析が完了したらマッチしそうな企業へどんどんプレエントリー／エントリーしましょう。エントリーしない企業には 100％内定できません。**エントリーしてから受ける企業を減らすことはできますが、あとから応募はできません。**必ずエントリーは多めにしておきましょう。

また、志望業界を１つに絞ると確実に無い内定へまっしぐらとなるためご注意ください。**業界にはそれぞれおおまかな適性があり、そこにもしあなたが向いていなかったら、1 次面接で全社落ちることもあり得ます。**今あなたが考えている強みが、面接官が判断する強みとは限りません。できる限り幅広い業界を受け、ウケがいい業界を探しつつ「自分はこの業界とマッチしやすいんだ」と考えるのも大切なプロセスです。

かくいう私も全然偉そうに話せる立場ではありません。「はじめに」でお話しした通り、大学３年の夏に第一志望だった東芝やパナソニックを受け、見事に１次面接で撃沈しています。バイトを５つも掛け持ちし、起業もしていて他の学生よりアピールポイントがあったはずなのにどうして？　と、帰りに駅のホームで泣いたことがあります。

しかし今振り返れば、東芝・パナソニックはリーダーシップや外向性、好奇心より協調性を重んじる会社。リーダーシップばかり先行して協調性のない私は、彼らから見て「異端児」「宇宙人」にしか見えなかったことでしょう。

それから広告代理店や外資系メーカー、コンサルを受けた結果、あれよあれよと内定し、「自分はここで好かれるのか」と学ぶことになりました。

自分が向いている仕事が何かは、就活当初にはわからないものです。ですからできる限り多くの企業を受け、通過状況や面接で話の内容がウケていたかを見ながら「自分はこの業界に好かれるんだな」と判断していってください。

ちなみに、IR情報や口コミサイトを活用して、その企業が採用したがりそうな理想的人材像を５つの強みで考えてみるワークシートもご用意しましたので、ぜひ一度トライしてみてください（P.13参照）。

04

基礎力を上げるWebテスト対策

Webテスト対策に1カ月かけよう

「ひとまずプレエントリーした」ら、**急いでいただきたいのはWebテスト対策**です。先述の通り、**就活ではWebテストでほとんどの学生を脱落させます。Webテストこそ選考の山場**と言っても差し支えないのです。

就職活動のWebテストは、単純な問いへ素早く答える能力が求められるSPIから、MBAでも採用されている難易度の高いGMATまで多岐にわたります。しかしこれらの試験に共通するのは解き方にコツがあり、それさえ会得してしまえばサクサクと解けるようになる点です。

たとえば外資系コンサルティングファーム・外資メーカーのWebテストで使われるCABの例題を見てみましょう。

例題

5つの図形がある法則性にしたがって並んでいる。空欄となっている図形にふさわしいものは選択肢A～Eのうちのどれか。

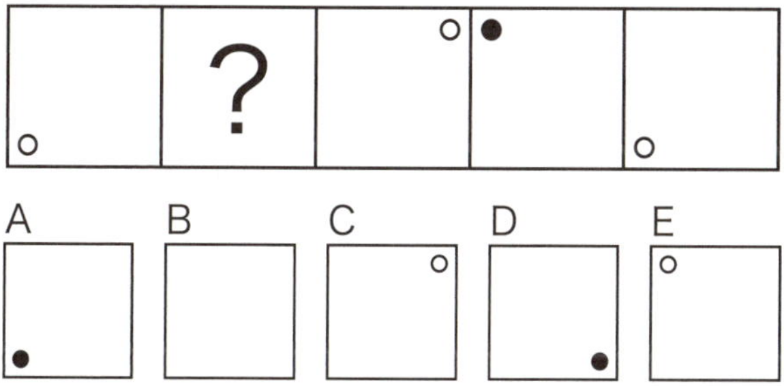

答えはD。左図から右図へ向かって○が白、黒、白と交互に色を変えながら、左下→右下→右上→左上と反時計まわりに1つずつ移動しています。この法則性を見破ると、?の部分には、右下に黒丸（●）がくるとわかります。テキストを購入すれば問いと解説がついています。しかし単に解きながら「ふ〜ん」だけで終わらせると、点が伸びません。

CABの法則性問題は図形を動かして法則を予想させる問題であるがゆえに、解答パターンが、

・図が一定の度数で回転する
・図が一定のパターンで動く
・点対称・線対称に動く
・数が変わる
・色が白・黒の間で変わる

くらいしか選択肢がないのです。

このパターンさえ押さえておけば、実際の試験でも「どのパターンだ？」と考えて挑むことができるはずです。

このように試験問題にはパターンがあり、それを理解した瞬

間にそれ以上の対策は不要となります。そして親切なことに、これらのパターンはネットに掲載されています。まずは例題をゆっくり解いて、問題ごとのパターンを理解しましょう。

ここからは、各テストへ特化した対策をお伝えします。

□ SPI

採用の場で使われる頻度1位の試験です。中学から高校の数学で出た範囲が広く採用されますので、大学時代に勉強から遠ざかった人ほど対策に苦労します。ざっと例題を解いて理解できないところは、チャート式など昔の参考書を引っ張り出してやり直しましょう。

SPIは解説が貧弱な参考書で練習してもなかなかスコアが伸びません。スコアが伸び悩むときは「自分のせいじゃない！」と開き直って別のテキストを選びましょう。個人的なオススメは『史上最強SPI&テストセンター超実戦問題集』（オフィス海／ナツメ社）と、YouTubeの「桐生SPIチャンネル」による解説です。解けなければ悩まずすぐ解答・解説を読んで「理解する」ことを重視してください。

□ 玉手箱、CAB、GAB

玉手箱の難易度は小学校算数程度ですが、問題数が膨大なため、時間との勝負となるテストです。実際の試験では選択肢から選べるので「ちゃんと計算しないで、概算の数字だけでざっと推測して答えを出す」ことが高得点へつながる鍵です。

CABとGABは法則性などロジカルシンキングが問われますが、前述の通り解答形式にパターンがあります。過去問さえ確認すれば恐れることはありません。

テキストはベストセラーの『【玉手箱・C-GAB 編】これが本当の Web テスト だ! (1)』(SPI ノートの会/講談社) シリーズの購入をオススメします。

例題

□÷2＝54÷3

A.36　B. 29　C.56　D.101

解き方：

右辺を 50 ÷ 3 で概算すると 17 前後。

17×2 に最も近い数字は A しかないため答えは A の 36 です。

たとえば 2987 ÷ 4897 も 3000 ÷ 4900 でざっくり計算すれば、4 択から最も近い選択肢を選ぶことができます。

□ TG-WEB

最近ではあまり見かけなくなりました。計算は玉手箱と同じ対策で問題ありませんが、国語の難易度が高めです。国語が苦手だった方はこれを機に類義語・対義語やことわざを頭に叩き込みましょう。

テキストは先ほども紹介した SPI ノートの会の『【TG-WEB・ヒューマネージ社のテストセンター編】これが本当の Web テストだ! (2)』(SPI ノートの会/講談社) が鉄板ですが、国語が苦手なら『ドラえもんの国語おもしろ攻略 ことわざ辞典 [改訂新版]』(栗岩英雄著/小学館)、『ドラえもんの国語おもしろ攻略 四字熟語 100』(湯沢質幸指導/小学館) は素晴らしい教材です。パラパラめくるだけでもボキャブラリーが増えますので、ぜひご検討ください。

□ IMAGES

GAB の簡単バージョン。GAB 対策だけで十分カバーできます。この試験のみ、マークシート形式で実施されます。

□ GMAT

外資系投資銀行や最難関外資系コンサルティングファーム(ベイン・アンド・カンパニー、コーポレイト ディレクション、マッキンゼー・アンド・カンパニーなど)を受ける方だけが必要となる試験です。最初はゆっくりでも構いませんので、1 問ずつ問題と解答をセットで読んでください。

下手に就活本を買うより MBA 対策本の購入をオススメします。オススメは『新テスト対応版 MBA 留学 GMAT 完全攻略』(アゴス・ジャパン/アルク)です。

Web テストの勉強をするコツは「全問解かず、理解できた瞬間にその章を飛ばす」こと、そして「できる人に目の前で解いてもらう」ことです。

すべての問題をコツコツ解いても、理解した部分を何度もやり直すだけで効率的ではありません。「もうわかった」と思った瞬間に、その章は無視して次へ進みましょう。そうすれば 1 カ月であらかたの Web テストが理解できるはずです。

また、できる友達に目の前で解いてもらえれば「こう考えているのか!」と効率的なアプローチがわかります。数学は特に要領よく解けるスピードが求められますから、得意な人のやり方を見てみましょう。

さて、ここまでは意図的に「英語」について触れてきませんでした。そこで次の項目では、**英語対策**を中心にお話しさせていただきます。

TOEIC攻略

人生でTOEICスコアを最も求められるのは就活と言っても過言ではありません。スコアの提出を義務付けられているわけではありませんが、Webテストには英語も採用されています。受験で英語が苦手だった学生にとってはつらくなることでしょう。

しかし**TOEICは試験対策でかなりの点数アップを狙えるため、ぜひ挑んでいただきたい**と思います。特に元の点数が低い方ほど、伸び率は高くなります。ポイントは「時期を集中させて徹底的にやる」ことです。

英語が苦手な方に「意志の力でコツコツ英語を勉強しろ」というのは、無理があります。もともと嫌いゆえに英語ができなかったはずだからです。それよりは腹をくくって「半年で・○カ月で人生変えてやる」と短期集中で挑みましょう。そして短期集中するコツは「自分を追い込む場所を作る」ことです。苦手なことをやる気だけでどうにかするのはあきらめましょう。

それよりも、以下3つの方法をオススメします。

1. 英語しか話せない学生とルームシェアをする

近年、外国人とルームシェアするサービスが増えています。英語しか通じない環境でルームシェアすれば、嫌なことを英語で抗議するしかありません。留学と似た環境で自分を追い込み、英語力を鍛えることができます。

2. 日本語を話せない環境へ留学する

留学しようと思ったら、英米だと年300万円以上の費用がかかります。しかし最近では英語を話すアジア圏への留学が安価でできるようになりました。特にフィリピン・セブ島は英語の達者な現地講師が多数いるため、近年安価な留学先として選ばれています（P.45参照）。

すべての方に留学を勧めるわけではありませんが、留学先を探す際は、なるべく多くの学校を比較・検討してください。

3. 外国人の友達を作る

英語しか話せない外国人とは、英語で話すしかありません。意外と語学力がない状態でも、仲良くなることはできるものです。海外の方が多くいるバーなどへ顔を出してみましょう。お酒が入っていれば英語を話せる気がしてくるものです。

これらの対策で自分を上手に追い込み、英語対策を進めましょう。なおTOEICの模試を何度も受けると、会場へ行く手間と費用がかさみます。**練習ではオンラインで受験できる英検®が提供する試験「CASEC」の利用をオススメします。**TOEICの約半分の費用、40〜50分のテストという手軽さがその理由です。

CASECの試験を受けると、結果をTOEICスコアに換算してもらえるため、エントリー時に「TOEICスコア○○○点(CASEC換算)」として提出できます。

24時間受験できますので、今すぐ受験して実力を見ておきましょう。

TOEICスコアで何点を目指すべきかは企業によりけりですが、おおむね下記を参考にしてください。

〈目指すべきTOEICスコア〉

□ 外資系企業

最低でもTOEIC 750点。850点が内定の標準ラインです。点数よりも英語エントリーシート、英語面接で実力を査定されるため付け焼刃の対策より留学を勧めます。

□ 日系人気企業

最低でもTOEIC 700点は欲しいところです。トップ企業はこれ以下だと落とすところがあります。TOEIC 850点以上で「英語ができる」と思ってもらえることが多いです。

□ その他の日系大手企業

最低でもTOEIC 650点。英語ができるとアピールしたいのであれば750点を目指しましょう。

応用　今すぐ使える！
「有価証券報告書を使用した企業文化の調べ方」

著：大手町のランダムウォーカー

こんにちは、外資系コンサルティングファームに勤めていた大手町のランダムウォーカーと申します。この項目では企業のIR情報から企業の深い情報を読み取る技法をお伝えします。

まず、気になる企業のIR情報（投資家向け情報）ページをP.86の手順に従って公式サイトから開いてみましょう。

IR情報には必ず「有価証券報告書」という書類が提示されています。略して有報とも呼ばれるこの資料には、業績や役員の情報が公開されています。そして就活にとっても役立つ　①年収、②出世コースの2つが掲載されています。

①年収…あの会社では給料をいくらもらえるの？

週刊誌やネット記事等で定期的に「平均年収が高い会社ランキング！」というものを見かけます。毎年必ず出てくる人気コンテンツであり、就活生にとっても非常に関心のある「年収」を扱っているため何度か目を通したこともあるのではないでしょうか？

ただしそのような記事へは上位企業しか掲載されていないため、自分が就職を考えている企業の年収が必ずしもその記事から手に入るとは限りません。そこで今回は大量の情報が記載されている有価証券報告書のどこにそのような情報が存在するか、また就活でどのように利用するかを説明します。

まず給料をはじめとした従業員の情報は、有価証券報告書の第一部【企業情報】の第1【企業の概況】の5【従業員の状況】に記載されています。この欄には企業の①従業員の人数、②平均年齢、③平均勤続年数、そして④平均年間給与等が記載されています。

この資料を読めば志望する企業の平均給料はもちろん、その企業に属している人の特徴まで見えてきます。たとえば、平均勤続年数が少ないなら離職率も高いと読み取れるのですが、裏を返せば入れ替わりが早いため若手の間にどんどん新しい仕事が回ってくるとも考えられます。企業は人で構成されているため、人に関する情報を見るとその企業の特徴が見えてくるのです。

有価証券報告書

第一部【企業情報】
　第1【企業の概況】
　　1【主要な経営指標等の推移】
　　2【沿革】
　　3【事業の内容】
　　4【関係会社の状況】
　　5【従業員の状況】
　第2【事業の状況】
　第3【設備の状況】
　第4【提出会社の状況】
　第5【経理の状況】
　　⋮

5【従業員の状況】

(1) 連結会社の状況

2020年8月31日現在

セグメントの名称	従業員数（人）
ビジネスＳＮＳ事業	123 (22)
合計	123 (22)

（注）1. 従業員数は就業人員であり、休職者を含んでおりません。また、臨時雇用者数（パートタイマー、契約社員）は、年間の平均人員を（　）外数で記載しております。
2. 当社グループは、ビジネスSNS事業の単一セグメントであるため、セグメント別の記載を省略しております。

(2) 提出会社の状況

2020年8月31日現在

従業員数（人）	平均年齢（歳）	平均勤続年数（年）	平均年間給与（千円）
120 (21)	28.3	2.0	5,781

どこにどのような情報が記載されているかを
知るだけで効率的に情報収集をすることが可能

※ウォンテッドリー株式会社　2020年度有価証券報告書より引用

②出世コース…社内で出世しているのはどんな人？

就活生の中には「どうせなら出世したい」と考えている人もいるのではないでしょうか？　また出世は考えていなくても、企業を渡り歩くキャリアを考えている人も増えてきたかと思います。企業を動かしている役員の経歴をみることで「その会社における出世コース」がわかります。

役員の情報は有価証券報告書の第4【提出会社の状況】の4【コーポレート・ガバナンスの状況等】に記載されています。今回は三菱商事株式会社の役員の状況を例に見てみましょう。

有価証券報告書

第一部【企業情報】
- 第１【企業の概況】
- 第２【事業の状況】
- 第３【設備の状況】
- 第４【提出会社の状況】
  - １【株式等の状況】
  - ２【自己株式の取得等の状況】
  - ３【配当政策】
  - ４【コーポレート・ガバナンスの状況等】
- 第５【経理の状況】
  - ⋮

(2)【役員の状況】

①役員一覧

男性　13名　女性　3名　(役員のうち女性の比率　18.8%)

役職名	氏名	生年月日	略歴	任期	所有株式数(千株)
取締役会長	小林 健	1949年2月14日生	1971年7月 当社入社 2003年4月 執行役員 シンガポール支店長 2004年6月 執行役員 プラントプロジェクト本部長 2006年4月 執行役員 船舶・交通・宇宙航空事業本部長 2007年4月 常務執行役員 新産業金融事業グループCEO 2007年6月 取締役 常務執行役員 新産業金融事業グループCEO 2008年6月 常務執行役員 新産業金融事業グループCEO 2010年4月 副社長執行役員 社長補佐 2010年6月 取締役 社長 2016年4月 取締役会長[現職]	注1	147
代表取締役 社長	垣内 威彦	1955年7月31日生	1979年4月 当社入社 2010年4月 執行役員 農水産本部長 2011年4月 執行役員 生活産業グループCEOオフィス室長、農水産本部長 2013年4月 常務執行役員 生活産業グループCEO 2016年4月 社長 2016年6月 取締役 社長[現職]	注1	199
代表取締役 常務執行役員 コーポレート担当役員(CFO)	増 一行	1959年2月19日生	1982年4月 当社入社 2013年4月 執行役員 主計部長 2016年4月 常務執行役員 コーポレート担当役員（CFO） 2016年6月 取締役 常務執行役員 コーポレート担当役員（CFO） 2017年4月 取締役 常務執行役員 コーポレート担当役員（CFO、IT） 2019年4月 取締役 常務執行役員 コーポレート担当役員（CFO）[現職]	注1	64
代表取締役 常務執行役員 コーポレート担当役員 (CDO、CAO、広報、サステナビリティ・CSR)	村越 晃	1958年6月27日生	1982年4月 当社入社 2012年4月 執行役員 資材本部長 2014年4月 執行役員 泰国三菱商事会社社長、泰MC商事会社社長 2017年4月 常務執行役員 コーポレート担当役員（広報、人事） 2017年6月 取締役 常務執行役員 コーポレート担当役員（広報、人事） 2020年4月 取締役 常務執行役員 コーポレート担当役員（CDO、人事、地域戦略） 2021年4月 取締役 常務執行役員 コーポレート担当役員（CDO、CAO、広報、サステナビリティ・CSR）[現職]	注1	69

※三菱商事株式会社　2020年度有価証券報告書より引用

【役員の状況】には、役員の経歴が記載されています。そして各役員がたどったキャリアを新卒時からたどることができます。例に挙げた三菱商事の場合、大半の取締役はキャリアの初めから三菱商事に所属しており、内部で育った人が中心となって会社を動かしていることが読み取れます。近年三菱商事へは転職者も増えています。しかし三菱商事の取締役になりたいのであれば、外部企業で経験を積んでから転職して入ってくるよりも、新卒から三菱商事に入るほうが取締役への道は近いように思われます。

Chapter 02 ――まとめ

- エントリーシート、面接で伝えるメッセージは「自主的に・他人と協働し・数的成果を出した」経験に絞ろう。
- ビッグ・ファイブやストレングスファインダー®を通じて自分の強みを見つけよう。
- 自分の強みを補強するエピソードを探してみよう。
- 企業分析は「個人投資家向け」に作られた情報を読み込もう。
- Webテストで落ちる学生は多い。試験対策のために1カ月は確保しよう。

Chapter 03

2人に1人が落とされるからこそ、
就活の中で最重要と心得よ

エントリーシート (ES)

01

通るエントリーシートの条件

エピソードは平凡でもいい

ここからは実際に、企業へ提出する志望動機などを記す書類であるエントリーシートを作っていきましょう。今や「エントリーシート（以下、ES）」で検索していただくと、大量に内定したESを見つけられる時代になりました。

しかし初めからオンラインでESのサンプルをご覧いただいてしまうと、あまりに輝かしいエピソードばかりで劣等感を抱くことでしょう。お手本としてネットに掲載されているESはどれも「部活動で全国優勝」「サークルでリーダー」など活躍した方のエピソードばかりだからです。

しかし、**ESのエピソードは輝かしくある必要はありません。**ESとは「あなたが会社でどのように働けるか」を示す資料であり、**キラキラしたエピソードよりも「どう働けるか」を具体的に記したほうが通過率も上がる**のです。そして、あなたがその会社で働いているところを想像させるESであれば、成果は輝かしいものでなくても全く問題ないのです。

そして、**就活生自身は「大したことない」と思っているエピソードでも、数字にすると立派なものはたくさんある**のです。

□スポーツジムのアルバイトで会員にやる気を出してもらう会話を心がけた

→　会員にやる気を出してもらう会話を心がけた結果、会員平均マイナス5kgを達成した・退会率を10%下げた・口コミで顧客が1割増えたなど数的成果にするとかなり立派な数字になる

□ボランティアで被災地へ赴き、現地の方に喜んでいただけた

→　被災地の方1,000名へ炊き出し支援をした、平均1日100kgの瓦礫処分のところ工夫して120kgにしたなど、工夫を数字に変えるだけで立派な数的成果になる

□映画サークルで自主製作映画を発表した

→　発表イベントをみんなで工夫して来場者10%アップなど、チームワークを示しかつ数的成果にできる

このように、一見「数字で成果なんて出せない」と思えるものも、「満足度」「来場者数」「退部率」など**ひとひねりすれば数的成果へ変えられるものが多数あります。**数的成果は「喜んでもらえた」などの質的なリアクションよりも他人が聞いてわかりやすく、ESや面接でも評価が上がります。

たとえばこの書籍の出版企画を通す場合。筆者が「きっと就活生が喜びます！」と言うよりも、「就活生の人口は約40万人

で、仮に100人に1人が買うと4,000部売れます！」と話したほうが、出版企画も通りやすいでしょう。

だからこそ、これからはどんなエピソードでも「○○率とか、過去の数字から○%増みたいな数字は出せないかな……」と考えて話すクセをつけましょう。

ここからは具体的に、あなたが「どう働けるか」をESで示す準備をしましょう。ここで活きるのが前章の「企業が求める人材の3要素」（P.73）と「ビッグ・ファイブ」（P.77）です。

まず、白紙を用意してください。次に「ビッグ・ファイブ」それぞれの項目である「協調性」「外向性」「好奇心の強さ」「情緒安定性」「勤勉性」を白紙の左側へ縦にして並べます。

〈ビッグ・ファイブの表作り例〉

	思いつくエピソード
協調性	
外向性	
好奇心の強さ	
情緒安定性	
勤勉性	

そして白紙の右側上部へ「思いつくエピソード」と書いて、それぞれの表を埋めるようにビッグ・ファイブに対応したエピソードを箇条書きにしていきます。

〈ビッグ・ファイブに合致するエピソードの書き出し例〉

	思いつくエピソード
協調性	・ゼミで予算不足でもめた合宿をみんなで節約して終えた ・サークルで先輩と同期の仲たがいを止めた ・ジムのバイトで会員にやる気を出させ会員合計ー300kg 達成 ・やたら先輩から好かれる性格で飲みに行くこと 50 回
外向性	・転校が多かったがどこでも友達を作り SNS の友人は 1,000 人超え ・海外で寮生活のトラブルをボディーランゲージで乗り越えた ・自分から学生同士の出会いを促進するパーティを企画 ・文化祭のスポンサー獲得のため法人へ営業をかけ予算獲得
好奇心の強さ	・専攻していない学科にも関心を持ちゼミを3個掛け持ち ・Twitter アカウントを作りフォロワー1万人達成 ・関心があった IT 分野の講座を開設して月 10 万儲けた ・潰れそうな地元のお店の相談に乗り売上 V 字回復
情緒安定性	・学費を盗まれてしまったが慌てず打開策を考え工面した ・サークルの半数がいきなり退会したが落ち着いて打開策を練った ・海外で強盗にあったが落ち着いて対応し全員無事に帰れた ・ノルマが厳しいアルバイトでみんなを励まし離職率を下げた
勤勉性	・難易度の高い授業の単位をみんなで勉強して全員 A ／優でパスした ・バイト先を毎朝清掃することで気難しい社員に好かれ案を通した ・ゼミ・授業のチーム対抗プレゼンで賞を取った ・人が嫌がる雑務を引き受け文化祭イベント成功の屋台骨になった

このように**ビッグ・ファイブに当てはまる過去をリストアップすることで「ES の材料」が集まります。**なお、すべてのビッグ・ファイブを埋める必要はありません。人によって強い分野と弱い分野がありますから、「外向性のエピソードなら 10 個でも出てくるが、勤勉性はゼロ」といった方もいることでしょう。大切なのは以下 2 点です。

1. ESや面接で複数のエピソードを求められてもあらかじめ「在庫」を蓄えることで焦らず回答できるようになる
2. 本命企業が求めそうなエピソードを複数準備して、ESや面接でよどみなく回答できる準備を整える

一覧にしてから**「企業が求める人材の3要素」である「自主的に行動し・他人と協働しつつ・数的成果を出した」ものがないか見てみましょう。**もしこの3要素を満たすエピソードがあれば、それこそあなたが就活で推していくべき話題です。また、そのエピソードが当てはまるカテゴリ（協調性、外向性、好奇心の強さ、情緒安定性、勤勉性）の人材を求める企業を調べましょう。

たとえばあなたが「自主的に行動し・他人と協働しつつ・数的成果を出した」エピソードが外向性のカテゴリにあったとしましょう。であれば、外向的な人を好む広告代理店や商社、ITベンチャーでそのエピソードを売りにすることで内定へ近づけます（※どの業界にも例外はありますので、必ず各社の特徴を調べてください）。

もし現時点で「何も書けない」のだとしても大丈夫。それはあなた自身に能力がないのではなく、就活にとって使い勝手のよいエピソードがまだ揃っていないだけです。前章で分析したあなたのビッグ・ファイブの強みに従い、それを実証するようなエピソードを今から積みましょう。

具体的にはベンチャー企業などでインターンをしたり、短期アルバイトへ取り組んだりすることをオススメします。というのも、「就活のために」と起業や学習を始めても途中でやる気

が失せやすいからです。インターンやアルバイトであれば、モチベーションが下がっても「お金がもらえる」という最低限続ける動機が生まれます。

「私は外向性が強みだけれど、それを裏付ける経験がないから短期の携帯ショップ営業バイトで新規契約数店舗1位を目指そう」
「私は勤勉性が強みだけど、チームで勤勉さを発揮した経験が不足しているからコツコツやらなきゃいけない試験の採点バイトを友達とやって全員ノルマ達成できるよう誘ってみよう」

といったように、単発・短期の労働経験でも自分の強みを裏付ける数字は作れます。すでに就活解禁後になってからこの本を開いた方でも、就活と両立できるものはいくらでもありますので、「ビッグ・ファイブで強く売り込みたいカテゴリ×企業が求める人材の3要素」を満たすエピソードを作っていきましょう。

エントリーシートは文法問題だ

すべてのESには「文法」があります。その文法を誤って提出するとエピソードの良し悪し以前に読んでもらえません。逆に言えば、この文法を遵守《じゅんしゅ》するだけで大多数の就活生と差をつけることができるのです。ここでは「学生時代に頑張ったこと」という例題でESの文法を紹介します。

〈エントリーシートの文法〉

①数的成果を伴う結論

例：起業して年商30万円を達成しました。

②結論へ至るまでの動機と課題は何だったか

例：私は大学でフランス語を第二外国語に選びました。しかし学習者の少なさに危機感を抱き、学習者を増やそうと思いました。

③どうやって協働を通じ解決したか、具体的な行動

例：そこで私は、誰もがフランス語を学びたくなるような動機がないか調べました。そして同級生から「学内でウワサ話がしづらい」という課題を聞き「ウワサ話ができる秘密の言語」としてフランス語講座を3人の友人と開きました。テキストも教科書の王道単語ではなく、友達とのウワサ話に使いやすい単語をピックアップし、フランスのゴシップ雑誌などを通じ楽しい学習を提案しました。

④結論を繰り返し、字数が余れば成果を追記

例：その結果、フランス語講座は口コミで徐々に人気を博し年商30万円を達成しました。また、フランス語講師から第二外国語の希望者が増えたとお褒めの言葉をいただきました。

まずは起承転結で話すのをやめ、この順番で記す訓練をしてみましょう。特に**冒頭で50文字以内に納まるくらいの端的な結論を述べることがとても重要**です。

「学生時代はテニスサークルに所属していましたが、そのときの大会で後輩の面倒を見たり、先輩との調整で苦労したりしつつも準優勝へ導きました」……などと、**冗漫な結論にしないように注意してください。**たとえばこの場合、結論は「テニスサークルを準優勝へ導きました」まで簡潔にできます。

ここに出てきた**ESの文法は、ESのみならず面接での話し方、入社後にも活用できるビジネス文法です。**ES文法を叩き込むことは、ESのためだけではなく、これからの社会人生活を一歩リードする武器となります。今のうちにOBOG訪問を通じて会った社員さんや、就活アドバイザーから添削を繰り返し受けて完成度を高めていきましょう。

通る志望動機のテンプレート

と、ここまでは抽象的なセオリーを中心にご紹介しましたが、実際書く段になると手間取る方もいらっしゃるのではないでしょうか？　特に志望動機は人のマネをするわけにもいかないため、時間がかかる方も多いはず。そこでここでは**「〇〇」となっている部分を穴埋めするだけで完成してしまう、魔法の志望動機テンプレート**をご紹介します。

国語力に自信がなく1文目からつっかえるような方は、思い切ってこのテンプレートを活用しましょう。なお、できる限り改変することで「単なる書き写し感」から脱するよう注意してください。この本を仮に1万人が読んだとして、もし1万人がそのまま同じテンプレートを使ったらあなたの文章が丸写しだとバレてしまうからです。

例題

あなたが弊社を志望する理由を簡単に記してください。

□ 外資系企業の場合：

私は○○を達成するために貴社を志望します。私は学生時代に○○という経験をしたことから、人生で○○を達成したいと考えています。そのためにはこの10年で○○のスキルを身につける必要があります。説明会を通じ、このスキルを得るには貴社が一番であると考えました。そのため、貴社の○○部門において最短で成長し貴社へ貢献するとともに、自分のビジョンへ一歩近づきたいと考えています。

□ 実力主義の日系企業の場合：

貴社を志望する理由は○○（強み）を通じ貴社へ貢献したいからです。私は学生時代に○○（サークル活動・部活など）をしていました。その際に○○という課題がありました。それを乗り越えるため、私は次の対策を取りました。(1) ○○（対策の1つ目を説明）、(2) ○○（対策の2つ目を説明）。これらを行った結果、私は○○という成果を出すことができたため、○○が自らの強みと考えています。そしてこの強みを社会人になってからも活かし貢献したいです。貴社は○○を事業で展開しておられ、私の強みである○○でお役に立てればと考え志望します。

□志望度を重要視する日系企業の場合：

貴社を志望する理由は○○を通じ貢献したいからです。私は過去に貴社の重要性を痛感するできごとがありました。それは（家族・友人が）○○（大きな課題となるできごと）を抱えたときのことです。（ここへ課題がどれほど大変だったかを追記します）しかし私は貴社の○○があったおかげで○○という解決策を得て窮地を乗り越えられました。それからは貴社のお役に立てればと思い、学生時代も○○の経験を積んでまいりました。貴社からいただいたご恩をお返しするためにも○○を通じて生涯尽力したく志望します。

実際の例から適した エピソードの選び方を学ぶ

実際にこのテンプレートを使って、日本ロレアルの志望動機を作ってみましたのでご覧ください。

□テンプレートを活用した、日本ロレアルの志望動機の例：

私は「美しくなる喜びを広める」ために貴社を志望します。私は学生時代にベンチャー企業へ参加し、放射線治療で髪の毛が抜けてしまった女性向けのかつら作りを企画しました。そこでショックに沈む女性を勇気づけることができ、業績としても前年比120%を達成しました。

この経験から、人生を通じ「美しくなる喜び」を広めたいと考えています。そのためにはこの10年で美容業界のスペシャリストになるべきと考えています。
説明会を通じ、両者のスキルを得るには貴社が一番であると考えました。そのため、貴社のファイナンス部門において最短で成長し貴社へ貢献するとともに、自分のビジョンへ一歩近づきたいと考えています。

テンプレートを少し書き換えながら、志望動機を埋め込みました。ロレアルグループは世界1位の化粧品メーカーですから、エピソードを美しさに関係した話に寄せています。

このようにテンプレートに沿って埋めていくと、基本的な誤字脱字を防ぐこともできます。
ESでは、気を遣っていてもいざさまざまな要素をごっちゃに詰め込んだ結果、「助詞がおかしい」「『だ・である』と『です・ます』調が交ざっている」といったケアレスミスが多発します。
日本語がおかしいESはそれだけで落とされてしまいます。ケアレスミスが多い方は、テンプレートを活用してケアレスミスを防ぎましょう。

日系と外資系の志望動機の違い

そして**日系企業と外資系企業では書き方を変えましょう。日系企業では「どの程度愛社精神があるか」を大切にします。**たとえスキルが足りていなくても、「どうしても貴社へ入りたい」という思いが強ければ通すことが多いのです。そのため、エピソードもできる限り採用担当者の心を動かす情緒的な話題が求められます。

日系企業ではあまりに志望動機がロジカルだと、かえって志望度を疑われて落とされてしまうこともあるため、まずはテンプレートに従ってESを作り、そのあとで「貴社スタッフの『〇〇』という言葉に強く感動し」といった心を動かす言葉を付け加えてもいいでしょう。

対して**外資系企業はエモーショナルなことよりも、数字に裏付けられたスキルの有無を重視します。**また、長期勤務を期待されていないので「10年後に達成したいこと」のため離職することも基本的には歓迎されます。協調性よりも自分で運命を選択していく力強さが求められるため、より能動的なESが書けるとよいでしょう。

実例6選！　落ちるES、通るES

ESはほぼすべての選考で課されています。しかし、ほとんどの学生がESの添削を受けないため、せっかく書いているエピソードがよくとも選考を通過しないのが現状です。

それはここまで本書をご覧いただいて「よし、ESの要点はわかったぞ！」と思えた学生でも同じです。抽象論だけで完璧なESを書ける学生はごく一部。ここからは、具体的な添削の前後をご覧いただくことで「あ、自分もこれをやっているな、危ないぞ」と振り返るきっかけにしてください。

さて、この項目では**ESの要点を「エピソードの内容選び」と「書き方」に分けて、事例付きで徹底的に網羅します。**この内容をきちんと踏まえて書かれたESであれば、通過率はほぼ100％へ近づけられると言っても過言ではありません。

ESのキモ①
ESに書くべきエピソード　3つの条件を満たそう

しつこいようですが、「自主的に行動し・他人と協働しつつ・数的成果を出した」エピソードの条件を満たすまでは何度でもESを書き直しましょう。エピソードを新しく積まなくとも、書き方次第でいくらでも「自主的に行動し・他人と協働しつつ・数的成果を出した」エピソードの3条件を満たすことはできます。以下はその好例です。

例題

あなたが学生時代で
一番頑張ったことを教えてください。

悪い例：

私が学生時代に一番頑張ったことは、哲学を勉強したことです。私は大学の授業で西洋哲学を履修しています。授業の課題でアリストテレスの輪読が出ましたが、私には難しい課題で苦戦しました。しかし何度も読み進めるうちに理解が深まり、無事にレポートを提出できました。

勉学を頑張ったことは素晴らしいですが、「チームワークで」「主体的に取り組み」「数字で見せられる成果」の3点が欠けているため企業であなたがどう活躍できるかの資料として不十分です。

改善例：

私が学生時代に一番頑張ったことは、グループ授業の結束を強め全員をA評価にしたことです。私は8割が単位を取れないと言われる西洋哲学の授業を履修しました。しかし脱落しそうな学生が多いことに気づき、授業後に集まって学習する会を開きました。それぞれが強みを発揮したことから、最後には全員がA評価をもらえました。

よく「勉強ネタは受けない」と言われますが、決してそんなことはありません。「自主的に行動し・他人と協働しつつ・数的成果を出した」3条件を満たしてさえいれば通過するESは作れます。

逆に、一見評価がよさそうに見える体育会や留学ネタでも「個人作業で、消極的に受けたことを、数字に表せない評価で」していたならES通過率はほとんどゼロまで下がります。これは実際の業務がほとんどチームワークで主体的に取り組む必要があり、数的成果を追求するものだからです。

勉学、資格試験、ひとり旅など一見「他人と協働しつつ」を満たさないように見える経験でも、人と協働して準備したり、協働して成果を出したりしたエピソードを掘り起こしてみましょう。

さて、ここからは「書き方」のノウハウを記します。「もう前項で見たからいいよ」と思われる方も、悪い例をご覧いただいて反面教師にしてみましょう。

よく誤解されることですが、ESでは書く内容よりも書き方が重要です。なぜならほとんどのESは最後まで読まれず捨てられているからです。書く内容が判断されるのはあくまで全文読まれてからであり、それ以前に読んですらもらえず脱落するESが圧倒的多数なのです。

ではなぜそのような事態になっているのでしょうか……。

想像してみてください、あなたは普段、事務として働いています。そこからいきなり人事部に呼び出され「ごめん、今年の採用手伝って！」とお願いされます。あなたは普段の仕事に加えて、採用の手伝いまでしなければなりません。

机の上に山積みとなったESは300通。読み始めるのは早くても22時となりそうです。眠い目をこすりながらあなたは稚拙で、時には日本語すらしっちゃかめっちゃかなESをくまなく読むでしょうか？　答えはNOです。最初の10通までは真剣に読んでいたあなたも、200通目にはどうでもよくなっていることでしょう。

たとえ300番目に読まれるESでも通過したいなら、**1文目で相手を惹きつけねばなりません。**そのために必要な要素を、ここから伝えます。

ESのキモ②
冒頭で質問に答えよう

私が指導させていただいた経験から申し上げて、**ESが通過するかどうかのほとんどは冒頭部で決まります。**特に、「いかに文頭で端的に自分の成果を書けるか」が極めて重要です。

……と、言われて理解できる学生は多いのですが、実際に書いていただくとメチャメチャな冒頭がよくあります。ESの精度を上げるためには添削を繰り返し受けるに越したことはないのですが、ここでは例を挙げることで少しでも自主練につながればと思います。

例題

あなたが本インターンで学びたいことと活かせる強みを教えてください。

悪い例：

私は物事を分析することができます。私は学生時代に飲食店でアルバイトをしていましたが、売上が低迷していました。その理由はスタッフが忙殺されていたことでした。そこで私はスタッフが余裕を持てるよう、分担表を見直し得意としている業務を重点的に割り振りました。その結果、売上が20％上昇し、スタッフのやる気も出ました。この強みを活かして貴社インターンではさらに分析する方法を学びたいです。

→「自主的に行動し・他人と協働しつつ・数的成果を出した」3条件を満たす完璧なエピソードです。であるにもかかわらず、冒頭に「本インターンで学びたいこと」「活かせる強み」が書かれてないためこれを見た社員は1行目で読むのをやめてしまい、落ちる可能性が限りなく高くなっています。

改善例：

インターンで学びたいことはデータに基づく分析手法です。そこで私が活かせる強みはヒアリング能力です。私は飲食店でアルバイトをしていましたが、売上が低迷していました。理由はスタッフが忙殺されていたことでした。そこで私は全員に1人2時間に及ぶヒアリングを実施しました。ヒアリングをもとに分担表を見直した結果売上が20％上昇しました。データ分析を強みとする貴社でさらなる分析手法を学びつつ、自らの強みで貢献したいです。

ESのキモ③
1文を短くしよう

就活の文章はなるべく短く書きましょう。繰り返しますが、あなたのESは採用担当に眠い目をこすりながら読まれています。長ったらしい文章は理解に時間がかかり「わかりづらい」と捨てられてしまいがちです。

と、指導を受けて「本人は文章を短くしているつもりでも、客観的には全く短くなっていない」ケースが多々見られます。就活生はこれまで端的に文章をまとめた経験が少ないからです。むしろ読書感想文やレポートの文字数を何とか冗漫にすることで埋めてきた方が多いでしょう。そこで生まれるのがこういったESです。

例題

あなたが課外活動(部活・サークル・アルバイトなど)で頑張ったことを書いてください。

悪い例:

私が課外活動で頑張ったことは、所属しているサッカー部で、チームを巻き込んで改善策を出し、グループリーグ2軍昇格へ導いたことです。私の大学では、サッカー部が1軍から3軍に分かれており、未経験の私は3軍に入りました。優秀な学生へ引け目を感じている3軍の学生を見て、何とか成功体験を積んでほしいと思った私は、以下の対策を取りました。(以下略)

→ この文章は「句読点が多すぎる」「1文が長すぎる」がセットで読みづらい文章を作っています。まずESを書いたら「1文に1つ以上の意味がないか」を見直してみましょう。

たとえば「私の大学では、サッカー部が1軍から3軍に分かれており、未経験の私は3軍に入りました。」は「私のいるサッカー部では1軍から3軍に分かれている」「未経験者は3軍に入る」という2つの文章が合わさっています。こういった**文章を1つずつ区切る**ことでESはぐっと読みやすくなります。また、冒頭部が長いのも致命的です。**冒頭部は最低限の結論を**

圧縮して書くようにしましょう。

改善例：

部活のチームを昇格させたことです。私は大学のサッカー部に所属しています。部では未経験者が３軍にまとめられており未経験者は優秀な１・２軍に引け目を感じていました。私はその状況を打破したいと思い、以下の対策を取りました。（以下略）

文章を１文ごとに区切りました。さらに冒頭の１文を「部活のチームを昇格させたことです。」にし、必ずしも必須ではない「何部に所属しているか」「どんな課題があったか」「自分がどう取り組んだか」を後回しにしています。

ESのキモ④
状況説明は具体的に

頭のいい学生ほど陥りがちな罠が、抽象的な状況説明です。ESでは課題に直面し、乗り越えた経験がよく問われます。そこではなるべく具体的にあなたが何をしたかを書く必要がありますが、なぜか抽象論を持ち出す就活生が後を絶ちません。実際の例を見てみましょう。

例題

あなたが学生時代、主体的に取り組んで出した成果を書いてください。

悪い例：

カフェ閉店の危機を救ったことです。私は駅前のカフェでバイトをしていましたが、顧客満足度が隣接店に比べて低く閉店の危機と言われてしまいました。そこで原因を分析したところ、お客様へ満足のいく接客ができていないことに気づきました。そこで私はアルバイトのメンバーと話し合い、満足度を上げる改善策を実施しました。その結果売上が30％向上し、閉店を免れました。

→　エピソードの内容と端的な文章は素晴らしいのですが、具体的にこの学生が何に取り組んだのかサッパリわからない文章になっています。この例では「お客様へ満足のいく接客ができていない」とは何か、「メンバーと話し合い」をした内容は何か、「満足度を上げる改善策を実施」とは何をしたのかが見えません。これだとこの学生が実際の職場でどう活躍するか、全く見えません。

こちらが改善例です。

改善例：

カフェ閉店の危機を救ったことです。私はカフェでバイトをしていましたが、顧客満足度が隣接店に比べて低く、閉店の危機にありました。そこで原因を分析したところ、新規客のリピート率が低いとわかりました。そこで私は各メンバーと１対１での気軽な食事の機会を設け、打開策を出してもらいました。私はそこから案を選び「コーヒーを５杯飲んだら１杯無料」キャンペーンを展開しました。結果リピート率が向上して売上も30％上がり、カフェは閉店を免れました。

問題が「お客様が満足できていない」から「リピート率が低い」と細かく記載することで何が原因だったか一目瞭然となりました。さらに単なるヒアリングでなく「話しやすいよう１対１で聞き取る」ことで、この就活生が現場スタッフとしてだけでなく上司になっても部下の意見を汲める人材だと見せられます。

ESのキモ⑤
誤字脱字・助詞の連続に注意

こちらはうっかりさんに多いミスです。**誤字脱字があるESはまず読まれません。**それだけ受ける気がなかったと思われるからです。

また、**同じ助詞（て、に、を、は、の）が続くのも国語力が低く見られるため、それだけで落とされる要因**となります。たかがそれだけで？　と思うかもしれませんが、**入社後に取引先へ誤字脱字まみれのメールを送って相手を激怒させたらどうなるか想像すれば、その重大さがわかると思います。**ありがちな例を集めましたので、参考にしてみましょう。

例題

あなたの強みを教えてください。

悪い例：

私の強みは粘り強さです。過去の営業の長期インターンの際は粘り強く交渉し、1位の営業成績を達成しました。私は長期インターンでWeb広告の営業をしていました。。しかし当初は押し売りのようなセールストークをしてしまい、案件が取れませんでした。そこで私は先輩方にお願いしてメールを転送していただく、電話のやりとりを録音する、営業先へ同行させていただくなど粘り強く学び、半年後にはは営業成績1位を獲得できました。

→「過去の営業の長期インターンの」と「の」が3回も連続しているせいで文意がわかりづらくなっています。また、文末に「。。」とついている文章があり、ミスの確認をしていなかったことが見て取れます。同様に助詞が「はは」とつながっているため、こちらもうっかり誤字をしていることがわかります。

こういったケアレスミスは、やってしまう人はやってしまうものです。**提出前に友人に読んでもらう、一晩寝かせてから読み直すなどの対策を取りましょう。**

ESのキモ⑥
「えらそうな文章」に要注意

最後に、学生が“最も意図せずやってしまう”割には深刻な結果をもたらす「えらそうな文章」をご紹介します。

学生から見て普通の文章は、往々にして社会人から見ると偉そうに見えてしまいます。日本語上はミスがないため、自分でチェックしても気づくことができません。

例題

弊社を志望する理由を教えてください。

悪い例：

私が貴社を志望する理由は、自分の強みが活かせそうだからです。私は学生時代に予備校で生徒の偏差値を平均10向上させました。私は予備校でアルバイトをしていましたが、成績の悪い子を中心に見ていたことから受験は絶望的とされていました。そこで私は原因が生徒だけでなく家庭環境にあると考え、親を呼び出してガツンと言ってやりました。そして家庭と予備校が一体となって生徒を指導できるようになり、偏差値を平均で10上げられました。また、8割の生徒が志望校へ合格できました。だから私の強みは包括的な改革案を示せることであり、貴社においてもこの強みを活かして成長していきたいです。

→ 外資系企業を除いて、志望動機に「自分の成長」を置くことは失礼とみなされます。企業はあなたの成長よりも売上・利益アップを目的とした団体だからです。

企業はあなたがどう企業に売上・利益の成果をもたらせるかをESでも知りたいのですが、これではあなたの成長が主軸になってしまうため「自分の利益を会社の売上より優先する学生」とみなされます。

仮にあなたが営業担当になったら「御社はこれを買っても得することは一切ありませんが、弊社の利益率が高いので売りたいんです」などと話しかねないと警戒されるのです。本音は何であっても構いませんが、建前くらいは「会社の成長に役立つ自分」を売り込む文章にしておきましょう。

このESではさらに、「だから」というタメ口が気になります。特に接続詞（しかし、だから、あるいは、ですが）の敬語がおろそかになる学生は多く、ついタメ口を使いがちです。必ずフォーマルな接続詞を心がけましょう。

最後に、「ガツンと言ってやった」「スタッフを指導した」「先輩から了解を取った」といった文章は上から目線に見えるので気を付けましょう。「親御さんへ提案した」「スタッフへお願いした」「先輩から承認をいただいた」といったへりくだった文章が求められます。特に日系企業ではこの傾向が強いので、外資系でESが通過した方も見直しをしましょう。

対策としては受ける企業のOB・OGにESを見てもらうのが最も適切です。企業ごとに求められるへりくだり方は異なるため、企業に合ったESを準備しましょう。そのために、ワンキャリアなど就活支援サイトで過去のESを調べ、本番の課題が出題される前に草稿を書いてOB・OGに見せておくことをオススメします。

ここまでエピソードの作り方、そしてESの書き方を失敗例と合わせ6点お伝えしてきました。**「自分はこんなESを書かないぞ」と笑っていても、明日は我が身です。**私も偉そうなことを申し上げられる立場ではなく、何社も落ちてから先輩にご指導いただきました。これらの項目をチェックリストにして、自分のESを見直すときの採点表としてください。

本音を書くべきか・盛るべきか

さて、ESで学生が一番つらくなるのが「志望動機で嘘をつけないが、さりとて盛らなければ大したことも書けない」というお悩みです。特に志望動機では「未来の自分がどうありたいか」を問われるため、つい壮大な物語を紡がねば……と身構えてしまう方も多いでしょう。

「志望動機で嘘をつきたくないんです。自分が本当にやりたい仕事をしたいけど、それができる会社は1社しかない。だから、それ以外の会社には嘘をつくことになってしまいます」と言い切れる方は大変強い意志があるのでしょう。

しかし一方、この年齢で「一生やりたい仕事」がハッキリしている方がどれほどいらっしゃるでしょうか。おそらく就活生のうち1%もいないのでは……？　会社員をやったことのない学生へ「やりたい仕事」を正確に答えさせるなんて、幼稚園児に「小学校でどの科目が好き？」と聞くくらい無謀です。そんなの、やってみるまでわかりません。

しかも入社後に「あの志望動機の通りだった。人生でやりたいことはこれだ」となることは少ないもの。大学も入学前は校風に惹かれても、いざ入学してからは単位や友人関係が重要になりましたよね。

就活でも同じく、入社後は「この会社へ貢献したい」という気持ちより、次のボーナスや上司との相性を気にするのは当然のこと。志望動機通りのキャリアになれば万々歳ですが、必ずしもそうでないことは採用側も知っています。

志望動機は協調性をテストしている

ではなぜ、採用者は志望動機など読みたがるのでしょうか。答えは「この会社に入りたくてたまらないんです！」と、「相手のために語る協調性」をチェックできるからです。本当にやりたいことなど、なくても構いません。**会社でやりたいことが「ありそうに語る」営業スキルさえあれば十分**なのです。

なぜこんなスキルを要求されるかというと、実際の場で「好きではない製品を営業しにいく」「自分は転職を検討しているのにもかかわらず、新卒採用で自社のよさを語る」といった、望まなくても自社の魅力をプレゼンせざるを得ない仕事はたくさんあるからです。そこで「僕・私はこういうのやりたくありません」と拒否する方は、仕事ができないとみなされます。

志望動機は、「たとえ本意でなくても熱意を見せられる」協調性を示す場所です。そして志望動機を書くことに抵抗があるという時点で、あなたは協調性が低いのだと認識してください。

協調性が低いなりの戦い方とは

とはいえ、協調性が低いからダメというわけでもありません。「なんと言われようが本当に行きたいところへしか志望動機は書けない」と思う協調性が低い方なりの戦い方もここへ記します。協調性は一朝一夕で伸びるスキルではないため、無理にESを書いても面接でボロが出ます。それよりは、こういった志望動機を書きましょう。

「貴社を志望するのはキャリアの幅を最大化したいからです。私はこれまで、○○という強みを活かし○○のような成果を出してきました。一方で長期的なビジョンはまだ描けておりません。貴社は裁量権が大きく○○歳までに○○を任せていただけると○○で学びました。そこで貴社へ自らの強みを通じて貢献しながら、やりたいことが見つかり次第、最大限力を発揮できる人材になりたいと思います」

これなら、嘘にはならないのではないでしょうか。この書き方をすれば、普通のESと違い落ちる可能性は上がります。けれど嘘をつけないなら、このやり方で戦うのも手でしょう。終身雇用を前提とした企業でなければ通過しやすい志望動機になるはずです。なるべく多くの企業へエントリーすることで、確率は低くても確実な内定を取りましょう。

02

使い回せる黄金ESの作り方

よく出る！　エントリーシート設問

最大の難関である志望動機の書き方が見えてきたところで、他にも頻出する質問をリストアップしました。原則は「企業が求める人材の3要素×ビッグ・ファイブのカテゴリ」を組み合わせて答えていきますが、それぞれ設問に合った対策法も記しましたので、ぜひ参考にしてください。

1. 学生時代に頑張ったことは何ですか

□ 採用担当が知りたいこと：

・自分で課題を発見し、解決する能力があるか
・人とチームワークを発揮できるか
・結果を「喜んでもらえた」以上に数字で出せる人間か

□ 対策：

・企業が求める人材の3要素である「自主的に行動し・他人と協働しつつ・数的成果を出した」経験を複数ストックしておくことが肝要です。
・客観的なデータが成果にない場合は、「ざっくり何割集客増

えたっけ」と思い出したり、関わった人へ聞いたりしておくようにしましょう。

2. 弊社以外にどこを受けていますか

□ 採用担当が知りたいこと：

・ミーハーな企業ばかり受けて自社を蹴る人間ではないか

・自社より格上の企業を受けていたら辞退されないか

□ 対策：

・あえて競合他社を受けないのも手です。この質問を面接でされた場合に備え、「私はこういう軸で就活をしているため、本業界で貴社のみが軸に該当し志望しています」と説明できるようにしておきましょう。

・なぜ競合他社よりもこの会社を志望しているのか、相手が納得できるような理由を出すのも有効です（例：中国進出に力を入れているのは貴社のみであり、私の中国語スキルを通じ貢献するなら貴社しかないと考えています）。

3. あなたの強み・弱みを教えてください

□ 採用担当が知りたいこと：

・自分のことを客観的に分析できているか。どう見てもコミュニケーションが苦手なのに「社交的です」などと誤った自分像を描いていないか

・弱みを改善しようとする意志があるか

・テンプレート通りの言葉で強み・弱みを語っていないか

□ **対策：**

・ビッグ・ファイブやストレングスファインダー® で自分の強みや弱みを調べましょう。

・弱みは、すでに改善の兆しがあるネタを選んで書きます。

・また、「強みはリーダーシップ」など、誰もが使う表現は避け、「成果への並外れた執念」「他人の2倍働く勤勉さ」といった言葉に置き換えてオリジナリティを出しましょう。

4. ○○のエピソードについて具体的に書いてください

□ **採用担当が知りたいこと：**

・適当に話を盛って出す就活生がいないか

・他人ではなくあなたがどのように活躍したかが知りたい

□ **対策：**

・「対策を練りました」「合理化しました」といった、具体例に欠けた抽象的な表現はなるべく避けましょう。

・数字を盛るのではなく、「ネガティブに見える部分を削る」よう意識して書くのがオススメです。たとえばあなたが2つの商品を売ったとして「商品Aは前年比120％売れたが、商品Bは前年を割った」場合、「商品Aを前年比300％売った」と書くと嘘になってしまいます。ですが、商品Bについて書かなかったとしても嘘にはなりません。むしろ、別の商品が売れなかったエピソードは挫折体験へ使い回すくらいがちょうどよいでしょう。

・「誰かが部室へ来るたびに『今日調子どう？』と毎日様子を聞き出しました」など、実際の会話をES本文へ入れ込むことでエピソードを具体的にしましょう。

・面接までにアルバイト先の店舗名やサークル名などの事実関係を再確認し、とっさに聞かれても答えられるようにしておくのも忘れずに。
・前年比800％の売上などあまりにオーバーな数的成果を出した経験については「周りからも非現実的な数字だと驚かれました」といった冷静な意見を入れて「盛っていない」ことをアピールしましょう。

5．リーダーシップを発揮した経験を教えてください

□ 採用担当が知りたいこと：

・目上の人を怒らせずに交渉できる人間か
・立場の違う他人と一緒に仕事できるか
・自分で仕事を作り、達成できる人間か

□ 対策：

・友人と仲良くやり遂げたエピソードだけでなく、「反対する人」「理不尽な先輩」「他言語話者」などを説得し乗り越えた経験を交えることで、実際の社会人生活でも上司や取引先とうまく付き合う技術があることをアピールしましょう。
・クセのある人物を平和的に説得した具体的な手法を書くのもよいでしょう（例：私の部活には人によってひいきの激しい先輩がいました。そこで私はまず先輩のSNSを調べて趣味を洗い出しました。そこで先輩がゴルフ好きと知りました。まず自分もゴルフを始めて壁にぶつかったところで先輩へ教えを請いました。そうしてかわいがっていただきつつ、自分の案を根回ししました）。
・体育会などの、ルールがハッキリあるコミュニティにおいて

も、新しいルールを導入して成果へつなげた経験がなかったか探しましょう。

6. 挫折した経験を教えてください

□ 採用担当が知りたいこと：

・会社に入っても精神疾患にかからないか
・あまりにささいなことを挫折と思っていないか
・挫折をしても乗り越える力があるか

□ 対策：

・乗り越えた挫折経験のみを書きましょう。現在取り組み中のものや、失敗に終わった経験は書かなくても構いません。
・挫折を乗り越えるために実際は極端な行動を取ったとしても、社会人になってから同じ行動をすると警戒されるため伏せておきます。たとえば、あなたが何もかも嫌になって10万円を握りしめて失踪を考えたとします。結果、3日彷徨ってから思いとどまり、帰宅してからカウンセリング治療で日常生活へ復帰できました。最終的には事件化せず落ち着いたエピソードですが、そのまま面接で話してしまうと「この人は会社で困ったら、また失踪してしまうのではないか」と不安を与えてしまうかもしれません。そのため、「一度冷静になるため、旅行へ行って気分転換をした」など遠回しな表現に変えて伝えるべきでしょう。受ける企業によって、何が望ましい表現かを考え書き換えていきましょう。
・上記は極端な例ですが、なるべく健全な乗り越え方を記しましょう。もし健全に乗り越えられなかったのなら、そのエピソードを避けます。自信家であれば「挫折経験はありません」

と答えてもよいでしょう。

□ 例：

挫折経験はありません。なぜなら私は失敗も成功までのステップととらえているからです。たとえば過去には大学受験の浪人や、アルバイトで首になるなど挫折と呼べそうな経験もありました。しかし第一志望校へ最後は合格し、アルバイトも再度応募してバイトリーダーにまでなりました。このように私にとって挫折は常に乗り越える機会を得られるチャンスであり、挫折経験とは考えていません。貴社においても同様の気持ちで何事もめげずに取り組みたいです。

7. あなたのキャリアプランを教えてください

□ 採用担当が知りたいこと：

・（日系企業の場合）下手に会社を辞めたりしないか
・（外資系企業の場合）キャリアの軸がハッキリある人間か

□ 対策：

・会社の中で実現できそうなキャリアプランを書いてください。それが想像できない場合は、転職サイトやOBOG訪問で情報を収集しましょう。
・自分がやりたいことをまず書きましょう（例：35歳で子どもが欲しい）。そこから逆算して、自分が何歳までに何ができていないといけないかを列挙します。たとえば35歳で第一子が欲しい方は、こういったプランを描くことになります。

□ **35歳で子どもを産む場合の逆算キャリアプラン例：**

34歳　妊娠（妊娠期間は約1年）

32歳　結婚（妊娠までに2年間2人きりの時間を置いたとして）

30歳　結婚相手と巡り合う（付き合う期間を2年と仮定）

このプランを前提とすると、35歳で管理職になったり大きなプロジェクトが始まったりする会社は、産休・育休とバッティングして不向きとわかります。このように、抽象的なイメージも年齢ごとに数字で書き起こしてみると意外と就活の軸へつながります。

「なんとなく結婚はしたい」「海外へ住んでみたい」といったアイディアを、「何歳までにしたいのか？」「だとしたら何歳までに何ができていないといけないのか？」と逆算してみましょう。

8．当社でやりたいことは何ですか

□ **採用担当が知りたいこと：**

・きちんと会社を調べているか

・部署が希望通りにならなくても辞めたりしないか

□ **対策：**

・転職サイトの口コミやOBOG訪問を通じて会社でできる経験を調べ、それにのっとった「やりたいこと」を書きます。

・「ワクワクを届けたい」「お客様の喜びを作りたい」などどの会社にでも通用しそうなやりたいことは書かないようにしてください。たとえば、「担当した小売店から○○さんがそこまで言うなら信用しましょうと、発注が殺到するような営業

を目指したい」など、あなたが働いているイメージに具体的に触れられるとベストです。その像が想像できないのであれば、さらに企業研究をしてください。

・部署別採用でない企業では、なるべくどの部署でも問題なさそうな表現を心がけつつ方向性を示すようにしましょう。

□ 例（三井住友銀行の場合）：

海外支店で貴行の存在感を高めることです。私は独学でTOEIC 900点を取りました。そのために国内にいながらも積極的に海外の方とお話しし、日本の課題を聞きました。そこで知ったのが海外で低下する日本の存在感です。日本はかつて一流と呼ばれましたが、今は中国に後れを取っています。この状況を打破するにはものづくりに頼らず英米のような金融大国として存在感を発揮すべきと考えます。そこで貴行の海外支店へ尽くすことで日本の存在感を高めたいです。

さて、読んでいるだけではESは完成しません。ここまでの内容をもとに、P.13で紹介しているワークシートを活用して、一度ESの文法にのっとって「学生時代に頑張ったこと」「挫折を乗り越えた経験」「自己PR」「強み・弱み」「志望動機」を書いてみましょう。

OBOG訪問で手ごたえを確認

さて、ここまで準備をすればある程度書けたことでしょう。

下書きができた段階で、OBOG 訪問へ ES を持ち込み、添削してもらいましょう。なぜわざわざ OBOG 訪問へ ES を持ち込むのか、その理由は次の通りです。

□ 今年ウケるESが作れる

たとえばあなたが商社を受けるとして、「近年商社ではM&A も活発化しており、金融業務を通じて貴社へ貢献したい」と書いたとします。しかし社員の大半はもとから商社が担っていた貿易業務を誇りに思っており、面接で金融業務志望の学生はウケが悪いかもしれません。

OBOG 訪問であれば「金融をどうしてもやりたいという響きはやめておいたほうがいい」「どうしても M&A をやりたいなら金融機関を受けろと言われてしまうよ」といった、**採用担当のウケも把握したアドバイスをいただけます。**さらに OB・OG があなたの志望する分野の担当であれば、より詳しい業務のお話を聞けることで具体的な ES を作る手がかりにもなるはずです。

□ 企業ごとに最適化したESにできる

どんな就活アドバイザーも、すべての会社で 40 年勤め上げてはいません。ですからいくら会社ごとの ES・面接対策を提案しようとも、今在籍している社員のコメントにはかなわないものです。「博報堂ならこれでいいけど、電通じゃまず通らないよ」「豊田通商へ行きたいならこれは書かなきゃ」といった、**会社へ特化した ES 作りをするならば、基礎はこの書籍で叩き上げてから OB・OG のアドバイスを反映させるべきです。**

□志望度の高さを見せられる

OB・OGとしてあなたに会う社会人の中には、人事から「OBOG訪問担当者」として割り当てられた方もいます。そういった方は訪問でめぼしい学生を見つけたら、人事へ報告する義務があります。そこでESを早期に持ち込んで相談すれば、あなたの志望度を見せることができます。

特に他の学生がまだESを書けていない就活解禁前に差をつけたいなら、「ワンキャリア」「外資就活ドットコム」などを通じてESの過去問を入手しましょう。「今年はどうなるか確定していませんが、昨年のESをもとに書きましたのでご覧いただけないでしょうか」と相談するだけでも好印象です。

運がよければ選考を何段階かスキップさせてもらえるなど、優遇措置も期待できます（詳しくはChapter 04の「リクルーター面談攻略法」（P.190）をご覧ください）。

ここまでをおさらいすると、ESを書く手順が見えてきたかと思います。

□まとめ　ESを書く手順

1. ビッグ・ファイブのカテゴリ別に自分の強みを示すエピソードを箇条書きにする
2. 志望企業の過去問を取り寄せる
3. 過去問で「ESの文法」「悪い例」を参考にしつつ下書きを書いてみる
4. OBOG訪問を通じて添削してもらう
5. 修正を重ね、最終稿を実際のエントリーで提出するこの手順に沿うと思いつきでESを書いて送るよりも段取りは多くなりますが、その分通過率で大きな差が出ます。特に本命企業を受けるときは複数回OBOG訪問を重ねるつもりで前倒しのスケジュールを組みましょう。

写真の準備

結論から申し上げますが、**写真はプロに撮ってもらいましょう。**できれば証明写真のプロを探してください。道端にある証明写真の機械でも撮影はできますが、写りが大きく異なります。証明写真に慣れた写真館ではPhotoshopによるレタッチや明るさの調整など、許される範囲での修正をしてくれます。

就活慣れした写真館では髪型の指導もしてもらえるため、撮影してから「実は就活で使えない髪型だった」ことに気づいて撮り直し……という悲劇も防げます。そしてコスト面でも証明写真機では焼き増しができず、結局何回も撮影することで割高となりがちです。写り、マナーチェック、コストとどの側面から見ても、プロの撮影がオススメです。

服装のポイント

撮影当日に眉毛を整え、ヒゲを剃って清潔な印象を作りましょう。メイクはナチュラルメイクが望ましいです。なお、普段はメイクをしない人もコンシーラーという肌の毛穴やくすみを隠すコスメはぜひ使ってみましょう。肌が劇的に美しく写ります。就活メイクは資生堂が例年ガイドを掲載しています。ぜひ参考にしてみてください。

https://shukatsu-beauty.shiseido.co.jp/

夏インターン中など、メイクが落ちやすい時期もあります。コスメを選ぶときは品質だけでなく「コンパクトに就活バッグへ収まるか」も意識してください。

証明写真を撮影する際は「普段の服装で」と指定がない限り、面接にふさわしい服装で撮影します。髪は染めていたのであれば黒染めしておきましょう。上半身しか撮影しませんから、下半身はリラックスできる服装でも結構です。

正しい就活生の服装については、Chapter 01 もあわせてご覧ください。

姿勢のポイント

さて、外見を整えたあとは実際に撮影するポイントを見てみましょう。まず、写真撮影ではあごを引きましょう。「あごを引く」姿勢がどのようなものか想像しづらい方は、「肩甲骨を背筋へ寄せる」イメージで肩を後ろへ寄せてください。

普段姿勢が悪い人ほど、「肩が前へ出ている」ためにあごもつられてうつむいています。しかし肩甲骨ごと肩を後ろへ引っ張ることで、あごは自然と引き締まり、よい姿勢になります。

正しいあごの引き方

「あごを引く＝頭を下げる」ではありません。相手を睨みつけるようになってしまい、二重あごになってしまうことも。

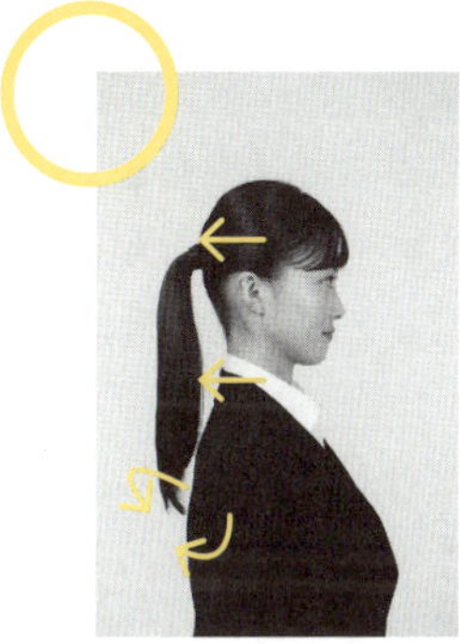

左右の肩甲骨をぐっと寄せるように胸を張り、頭・首を気持ち後ろに引くようにします。慣れないうちは、写真などを撮って確認するのも有効です。

写真撮影時は口角を上げ、少しほほ笑む形にします。真顔でも問題ありませんが、こちらのほうがより好印象を与えます。面接でも口角を上げる必要があるため、今のうちに訓練しておきましょう。前をまっすぐ向いて、見下ろしたり見上げたりしていないかチェックしてもらうのがオススメです。

手書きエントリーシート対策

ここからは**「手書きES」を書く方**を主な読者として対策を書いていきます。そもそも手書きESのない業界のみチャレンジされる方は、読み飛ばしていただいて構いません。

信じられないことに、現在でも手書きESを求めてくる企業は多く残っています。**その理由は「手書きにすることでエントリー数を減らしたい」から**です。何万通もエントリーが殺到する企業では、手書きESを義務付けることで志望度が高い学生のみ残したい思いがあります。

しかし、昨今の学生は手書きに慣れておらず時間がかかるのも事実です。また、文字が汚いだけで不利にされるのは「書道家」「手書きの多い事務」採用でもなければ特に合理性もないでしょう。そこで筆者は**外注もオススメします。**「ランサーズ」「ココナラ」など、フリーランスへオンラインで依頼できるサービスが増えた昨今、わざわざ手書きESを書く理由が見当たらないからです。

法律上は一切問題ありませんから、安心して発注してください。それでも気がとがめる……という方は、似た字体の方へ外注されることをオススメします。

なお、コスト面や〆切が迫ってしまったがゆえに自筆を選ばれる方もいらっしゃるかと思います。その際は次の点に気を付けて書きましょう。

1. 机を掃除してから履歴書を出す

机に飲み物や油汚れはないでしょうか。いざというときの事故を防ぐためにも、液体はできる限り排除しましょう。そのため、飲食店での手書きES執筆はオススメしません。自宅か、大学の教室などで行いましょう。

2. 手を洗う

次に手を洗います。うっかり手にご飯の食べかすがついていたり、インクの汚れがあったりすれば台無しです。手をタオルでよく拭いてから席へつきましょう。

3. 印鑑を押す

履歴書など押印する場所があれば印鑑を押します。これは手書き部分が完成してから押印で失敗して台無しになるのを防ぐためです。**押印ができた紙へのみ書くことにしてください。**

4. 見本にのっとって履歴書を書く

履歴書を買うと「見本」が同封されています。履歴書は見本にのっとって書いていきましょう。

5. ESはスマホやPCなどで下書きしておく

手書きESを考えながら書くことはオススメできません。考えながら書くと文字のきれいさよりも内容に気が散ってしまうからです。手書きであってもESの内容はオンラインESと全く同じものになります。**今後オンライン提出するESへ流用することも踏まえ、スマホやPCで下書きしておきましょう。**

図４　履歴書の例

年	月	学歴・職歴
(B)		(A) 学歴 (C)
2019	3	○○県立　××高等学校　普通科　卒業
2019	4	△△大学　□□学部　◇◇学科　入学
2023	3	△△大学　□□学部　◇◇学科　卒業見込
(D)		
		(E) 職歴
		なし
		(F) 以上

（A）上に「学歴」とだけ書き他には何も書かない
（B）年を書く。会社によって和暦指定もあるので注意
（C）通常卒業高校から書く。学部学科まで記すこと
（D）学歴と職歴の間は１行あけ、次の行へ「職歴」と書く
（E）職歴がなければ「なし」と記載
（F）最後の段右側へ寄せて「以上」と書くのがマナー

6．薄くシャープペンシルで下書きする

次に、薄くシャープペンシルや鉛筆で下書きします。本番では消しますので、決してあとが残らないよう注意してください。まっすぐ書くのが難しいときは、定規で線も下書きしましょう。

7．油性ボールペン、ペンで上書きする

水性ボールペンや水性ペンは少しでも水分に触れるとすぐ染み出してしまいます。油性のボールペンなどを使って上書きするようにしましょう。筆者は三菱鉛筆株式会社の「JETSTREAM」を愛用しています。書いたらしっかり乾くまで余裕を持って待ちましょう。

8．消しゴムで「一方向に」下書きを消す

書き終わったら消しゴムで下書きを消します。このとき、ガシガシと両側へこすると紙が折れ曲がる原因となります。手で押さえながら一方向へのみ消しゴムをかけると、きれいに下書きを消せます。

9．クリアファイルに入れて郵送する

ESは雨に濡れたり曲がったりしないよう、クリアファイルに入れて送付します。切手代が不足していると会社へ請求されてしまいますので、あえて多めに貼るか郵便局で重さを量ってから出しましょう。

図5　宛名の書き方

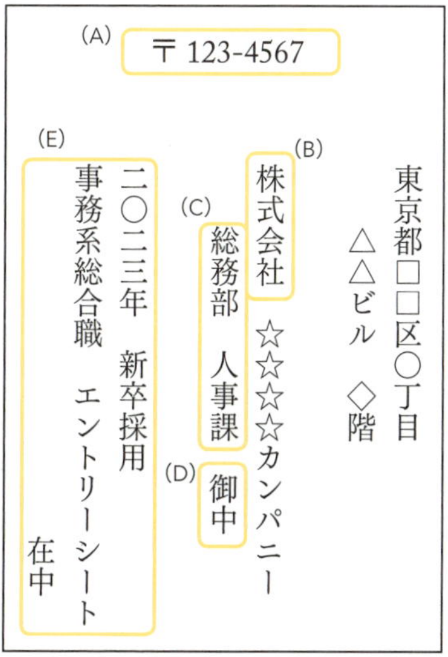

（A～D）会社名は正確に記載し、次の行へ指定された部署を書きます。相手の部署を書いたら「御中」を付け足します。

（E）ES は提出期限が決まっている書類です。誤って社内便で届くのが遅れないよう、赤字で「新卒採用　○○職　エントリーシート在中」と記載します。

図６　差出人の書き方

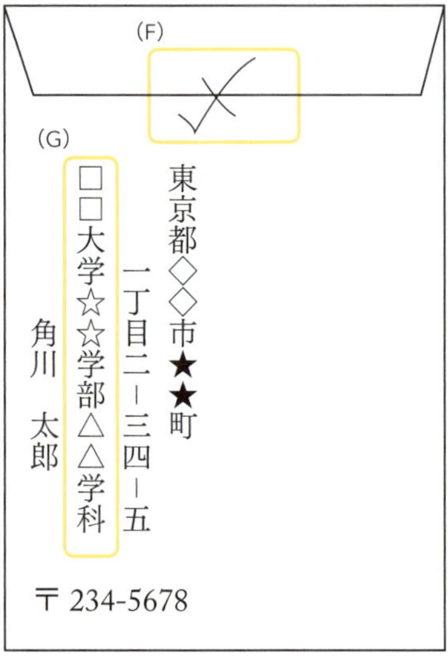

（F）封を閉じてから糊付けし「〆」「封」などと書くことで閉じてから一度も開封されていないことを表します。

（G）略称を用いず、自分の所属を正確に書きましょう。

手書きESはこの通り、かなりの労力を要します。したがって基本的には外注をオススメします。ただし「イラストを用いて」「白紙を自由に埋める形で」などクリエイティビティを要求する手書きESもありますので、そのときは自分で書きましょう。イラストなど「自分をPRする部分」まで代筆を頼んでしまうと、最悪の場合経歴詐称とみなされて内定が取り消される恐れがあります。字が汚い方は文字部分だけでも代筆を頼むなどして対策してください。

03

難関突破の応用問題

押さえて盤石、応用問題

ここまでマスターできたら「奇問・難問」と呼ばれる応用問題に取り組んでみましょう。企業によっては「なんでこんな質問をするの？」と疑問を抱きたくなる突飛な質問を投げかけてきます。多くは対策のしようがない問題を投げることで「テンプレートでは対応できない実力」を見ていることがほとんどです。ですから正解を探す必要はありません。落ち着いて、思ったことを書いてください。

ここからは実際によく出る応用問題をお伝えします。

例題

弊社製品をより多く売るにはどうすべきでしょうか。

自社製品の商品知識のみならず、競合他社の製品知識も必要とされる応用問題です。たとえばESで伊藤園の「お〜いお茶」を売る課題が出たとします。その場合、まずは「伊右衛門」「綾鷹」「生茶」など競合他社の製品を調べ、価格や強み、主な顧客層を調べてメモしましょう。

そのうえで自社製品にどのようなチャンスがあるかを考え、提案します。ポイントは「芸能人の○○をCMへ使う」など**具体的な施策を語る前に、大枠の戦略から語る**ことです。たとえばこのように書きます。

回答例：
海外進出を提案します。日本では緑茶市場が横ばいとなっており、競合とシェアの奪い合いとなっています。したがって海外、特に競合が手薄なヨーロッパへの進出を提案します。海外でもアジアにおいてはすでに名だたる緑茶ブランドがしのぎを削っています。しかしヨーロッパでは日本食ブームで緑茶の認知度が高い一方、緑茶ブランドの知名度は限定的です。そこでヨーロッパを中心に貴社ブランドを展開し、市場を席捲したく提案します。

このように**「どうすべきか・なぜそうなのか」の論拠を示すことができれば、よい提案として高評価を得られます。**

例題

あなたが1位と言えるものは何ですか。

実質的な成果ではなく、気の持ちようでも自信を持っている強みを求められています。そのため、ひるむことなく「強み」を質問されたときと同様の答えを返しましょう。ただし冒頭と結末部分で「私の強みは」と書き出した部分をそのままコピー＆ペーストしないように。必ず「私が１位と言えるものは」と書き換えてください。

例題

あなたらしいと思う言葉を選んで その理由を教えてください。

こちらはひっかけ問題です。この質問は決して「本当のあなたらしさ」を求めてはいません。あくまであなたが企業の求める人材像に沿った人間かを問うていますので、ビッグ・ファイブで分析した企業像に従って言葉を選び、説明しましょう。

例題

あなたがインターンに期待することは何ですか。

こちらもひっかけ問題です。インターンで自分が学びたいなどと自分中心になった答えを書くと落とされる率が上がります。「貴社を第一志望とし、○○を学びたい」と答えてください。

なお、企業によっては選考と無関係に純粋なインターンのプログラムを考える参考資料として聞いてきています。比較的リラックスして答えてよい設問ですが、「内容なら他社のほうがよいのですが貴社へは○○を期待しています」「第二志望群として貴社を知りたい」など受ける企業をけなす文言はやめておきましょう。

例題

あなたを動物・魚などにたとえると何ですか。

あなたが物事をロジカルに説明できるか確認する設問です。結論は何でも構わないので、相手を説得できるような理由付けをしましょう。たとえば「リスです。何事にもドングリへかじりつくリスのように挑みます」でも、「クジラです。おおらかに余裕を持って他の人をまとめていることが多いからです」でも、端的な答えであれば問題ありません。似た質問に「好きな食べものとその理由」「好きな童話」などがあります。いずれもロジカルに理由を説明できれば詳細は何でも構いません。

例題

嫌いな人へどう接しますか。

ストレスへの対処法を見ています。もしあなたの嫌いなタイプが上司だったら、どう耐えうるか、もしくは耐えられないかを確認しています。
「変わらず接することができます。たまったストレスはカラオケへ行って発散しています」「特に対応は変えません。好き嫌いより、チームへどう貢献してもらうかを重要視するからです」など、無難な答えが要求されます。

例題

あなたの生き方に影響を与えた経験は何ですか。

ただ表面的に「ビッグ・ファイブ」などの心理テストの答えをなぞった自己PRをしていないか確認しています。まずは企業が求めるビッグ・ファイブの5カテゴリを特定しましょう。そして幼いころの体験に近いエピソードを当てはまるビッグ・ファイブの特性からピックアップして書きましょう。「本当に」影響を与えたことを書く必要性はありません。

例題

A4の紙1枚で「あなたをPRしてください」。

ビッグ・ファイブの「好奇心の強さ」を問う課題です。広告代理店やテレビ局でよく出題されます。

これらの業界では「社会性は維持しつつ企画を大量に出すネタ元がある人」が求められますので、犯罪行為、公序良俗に反しない程度で「変な自分」「豊富なネタ」を見せましょう。もしここでお題に悩むようであれば、厳しいようですが広告代理店やテレビ局には向いていないと言えそうです。

例題

面白い話を教えてください。

おそらくその企業はビッグ・ファイブの中でも「外向性」を重要視しており、そのエピソードを探しています。このように設問からでも企業が求めるビッグ・ファイブの特性は推察できます。いかに友達を笑わせたかという一見関係ない特技も、会社では取引先を和ませるスキルへ変貌します。誰にでもウケる笑い話を準備する必要がありますし、それがなければその企業の適性に合っていないのでしょう。

例題

これまでに一番不安になったことは何ですか。
そしてそれに対してどのように対処しましたか。

ビッグ・ファイブの「情緒安定性」を確認するエピソードです。逆境を乗り越えた経験に近いので、「挫折体験」を結論部分だけ「一番不安になったことは〜です」と置き換えるだけで構いません。

例題

忘れられない商品のことを書いてください。

自社の過去製品を覚えているか？　と確認する応用問題です。応募先の会社の歴史を調べ、自分の幼少期に関わった製品を挙げると高評価になります。覚えていなければ保護者の方とも話してください。

例題

人生でいくらお金があったら満足ですか?

激務高給企業で問われやすい設問です。激務企業ではそれに耐えうる強烈なモチベーションが求められます。そこで「どれほどお金が欲しいのか、死ぬほど働いても欲しいか」を確認するためにこの質問がなされます。模範解答は「10億円です。10億円あれば年1%の利回りがある債券へ投資するだけで年収1,000万円を維持できるからです」などです。理由に論理性があるとよいでしょう。

これらの難問・奇問はESだけでなく面接でも問われやすいものです。どれも面食らうかと思いますが**「結局この会社はどんな人が欲しいのか」そして「この会社の人間ならどう答えそうか」を妄想して当てるゲーム**だと考えましょう。

最後に、ESの重要なポイントを1点記します。**ESは早めに出したほうが選考が有利です。**企業によっては提出の早さで加点するところもあり、なるべく出題される前から過去問で準備を進めましょう。推敲よりも下書きをどんどん書いて添削を受け、ブラッシュアップしてください。

04

動画自己紹介・自己PRの作り方

なぜ、動画で自己紹介を求められるのか

近年、動画で提出する自己PRが増えました。この背景には、できる限り素の就活生を見たいという、企業の意図があります。動画では細やかな表情や話し方など、言語以外での振る舞いも見られます。そのため、文字情報だけでよいESよりも遥かに素の姿が出やすいのです。

しかし、**対策不可能な試験などこの世に存在しません**。というわけで、ここからは最新版・提出動画対策をお伝えしていきます。

1. 照明と音響、小道具、背景を準備する

あなたはまさか、騒がしい街中で撮影を決行しようとしていませんか？　ライブ動画を見た方ならわかるでしょう。屋外は風や交通音など、ノイズでいっぱいです。普通の性能のマイクでは、これらを除去できません。したがって、「撮影は原則として屋内で」実施しましょう。

そのためにも、照明は準備しておきたいものです。最も節約できる照明は自然光。自分の正面に太陽が当たる形（順光）で

撮影します。余裕があれば、照明を買うのもありです。オンライン面接やOBOG訪問にも使い回せるものを探してみましょう。

マイクも準備できるとよいでしょう。きちんと上半身が入るように撮影する場合、スマホのマイクでは集音能力に課題が出ます。声が小さすぎて聞き取れなければ本末転倒ですから、安価でもよいのでマイクを準備しましょう。個人的には服にクリップでつけるタイプのピンマイクをおすすめします。ある程度移動できるのと、集音がしやすいからです。

最後に、背景です。たとえば自己PRで「英会話教室で講師をした経験」を書くなら、英会話教室に許可を取り、授業後の教室で撮影させてもらう方が伝わりやすくなります。ずっと弓道をやってきたなら、弓を見せた方が具体性もあるはずです。文字だけでも自作のフリップなどを作ると、情報が伝わりやすくなります。

このように、背景や小物を揃えられるなら、揃えておきたいものです。もし準備が難しい場合も最低限、白背景を準備します。自分の乱れた部屋の様子を見せてしまうと、だらしなさが目についてしまい悪印象だからです。

そして、自分の顔よりやや上、目線が斜め上45°になる位置へカメラを設置します。こうすることで、顔が明るく見えます。

2. カンペを作る

いきなり録画に進むのはおすすめしません。まずは、1分あたり300〜400文字を目安に、カンペを作ります。この文字数は、私達が落ち着いて話したときにちょうどよいとされるスピーチの速度です。実はESで指定される文字数で最も多いのが、この300〜400文字。ESは私達が1分で話せる量を目安に課されているのです。ESをゆっくり音読するだけでも、十分なカンペになります。また、話す順番もESと同じく「結論→背景事情→結論」のサンドイッチ形式です。まずは、このカンペを準備しましょう。

3．表情筋を動かしておく

顔が全然笑っていない、目が死んでいる……。といったトラブルを防ぐ一番簡単な方法は「準備運動」です。表情は生まれるものではなく、作るもの。まずは、顔全部を使って大口を開け「あ」「い」「う」「え」「お」の顔を作り、何度か繰り返してから笑顔を作ってみましょう。笑顔は無理なスマイルを作らずとも「口角を上げる」ことを意識するだけで構いません。慣れてきたら、口だけでなく「目で笑う」ことも意識してみましょう。

4．カンペを音読する

撮影前に、カンペを音読します。何度か通読し、カンペで何を話すかおおよそ思い出せるくらいにしてください。繰り返すことで「1分はどれくらいの長さか」を体感できるようになります。また、抑揚をつけて話す訓練は、ここで行いましょう。あまりに棒読みだと、目が死んでいるのと同じで生気がなく映ってしまいます。力を入れて読む部分を決め、そこに下線を引くなどして、力強く読んでみましょう。

ここで大事なポイントですが、**カンペは本番では使いません**。なぜなら、カンペを使うと目が左右に動いて、すぐバレるからです。人が文章を読むとき、目はその文を追っています。この本を読んでいるあなたの目も、左右に動いているのです。これが、動画だとバレてしまうのです。本番では、カンペをさらに簡潔にした「箇条書き」を準備します。

5．箇条書きを準備する

カンペをそのまま読まないために、箇条書きにした要約を準備します。たとえば、こんなイメージです。

＜自己PR　元のカンペ例文＞

私は、目上の方を説得するのが得意な人間です。大学1年生のころ、授業で他大の先生をお招きする対談イベントがありました。私は3年の先輩とこれを準備する役割へ立候補したのですが、先輩がオンラインイベント未経験者で、対面で実施する想定を立てていました。しかし、私は現状で100名を超える参加者が対面で集まるのは難しいと考え、先輩を「セッティングは私が全部担当しますから、先輩へは仕切りをお願いさせてください」と説得しました。その結果……(略)

＜自己PR　箇条書きの例文＞

・目上の説得が得意
・他大イベント、先輩は対面実施を希望
・セッティングは自分、仕切りを先輩で提案
・イベントは成功、先輩からも気に入られた
・このように目上の説得が得意

このように、目が左右に動かないほどシンプルな箇条書きを作りましょう。

6. 箇条書きを大きい文字で印刷する

次に、箇条書きの文字サイズを大きくし、印刷します。これを目線の高さの壁に貼り、動画撮影をしたとき、まっすぐ目を向けた先でちょうど読めるように調整します。

7. 録画する

ここまで準備ができたら、録画します。何度か撮影して再生し、一番できが良いものを選びましょう。動画のフォーマットは指定されていたらその拡張子（ファイル形式）に合わせます。ファイル形式を変えるには、ネット上でファイルを変換できるサービス「Convertio」が便利です。

□もし噛んでしまったら

少しの言い間違いやつっかえは、全く問題ありません。文章を丸ごと言い間違えるなど、大きなミスがなければ、続行しましょう。企業が見たいのは熱意やコミュニケーション能力です。大きな声で、ハキハキと、ゆっくり、笑顔で話す。この4点を意識してください。あとは、ささいなミスを笑い飛ばすくらいの気持ちで挑んでみましょう。

Chapter 03 ——まとめ

- ESに書くのは普通のエピソードでいい。ただし企業が求めるビッグ・ファイブの人材像に合った内容を選ぼう。

- ESは文法が合否を決める。書き方の手順を見ながら添削を受け、質の高いESを作ろう。

- どんな就活のプロもあなたが受ける会社で40年勤め上げてはいない。OBOG訪問でその会社が好みそうなESになるよう添削してもらおう。

- 面接で課されるすべての質問には意図がある。事前に相手の意図を知って万全の対策をしよう。

Chapter 04

「生の声」が手に入る、
コスパ最強の機会

OBOG訪問とリクルーター面談

01

OBOG訪問を最大限活用せよ

OBOG訪問って何？

「OBOG 訪問とは、学校の卒業生をはじめとする先輩方へお会いして就活に役立つお話を伺うこと」と、これまでの章でもご紹介してまいりました。そして「OBOG 訪問をしましょう」とお伝えしたタイミングも2つありましたが、覚えていますか？

・企業研究で調べた内容を検証したいとき
・ES の下書きができたとき

ここまで準備が整ったら、早速 OBOG 訪問をしていきましょう。逆に言えば、この段階以前に行っても大きな実りはありません。調べてもなお、わからないことを質問するのが OBOG 訪問であり、その前にやみくもにやっても時間のムダになるばかりか、社員の怒りを買って選考で不利になる可能性すらあります。

さて、OBOG 訪問をするメリットは何だと思いますか？　今までも少し触れていますが、具体的には以下4点が挙げられます。

1．選考で有利になる

日系企業では、OBOG訪問をしてきた学生を人事部で集計していることがあります。そういった企業では志望度を測るためにOBOG訪問をしてきた学生を優先的に採用するため、OBOG訪問が必須となります。

2．面接での失敗を防ぐ

OBOG訪問は「面接の事前準備」とも言えます。万が一企業へ大きな誤解を抱いていた場合、OBOG訪問であれば「それは違うよ」と笑われて終わります。しかし面接で企業への誤解を抱いたままだと志望動機をぶつけても企業理解が足りないとして落とされてしまうのです。したがってOBOG訪問のうちに企業への誤解を解いておくことは面接も有利にします。

3．ネットの情報を検証できる

近年、企業研究は企業のIR情報や口コミサイトだけでほぼ集め切れるようになりました。しかし口コミは10年以上前の情報が入っていることもあり、現在の企業情報として正しいかはわかりません。そこで**ネットの情報を検証し、最新の内容へ更新する**ためにもOBOG訪問が役立つのです。

4．ESの推敲ができる

Chapter 03でもお伝えした通り、**ESは各社の担当に添削してもらうのが一番**です。ある企業へ長く勤めている人は、「その会社らしさ」を熟知しています。そしてESを見てもらうことで、「もっとこういう人がウチらしい」ということまで教えてもらえるのです。
自分ひとりで何を書くべきか自問自答するよりも、下書きができた段階で見てもらうのがベストでしょう。

OBOG訪問が恥ずかしい、面倒くさいという気持ちは痛いほどわかります。私自身、暑さ寒さの厳しい日や雨の日など「外に出たくない」と、OBOG訪問を面倒に思ったことが何度もあります。しかし学生にとってもOBOG訪問をする現実的なメリットがあります。それは、食費の節約です。

就職活動中はとにかく出費が増えます。特に地方から上京して暮らす学生にとって、食費はいかんともしがたい出費でしょう。しかし、もし100回OBOG訪問をすれば平均単価が1,000円だったとしても10万円を支払ってもらえる計算となります。
「食費のためにOBOG訪問？」なんて身もふたもありませんが、仮に100食浮かせるために100社分の企業研究をしたならば、それだけあなたの視野も広がることとなります。

筆者もOBOG訪問を通じて、最初は知らなかった企業も第一志望群となった例が複数ありました。社員へ仕事の話を、しかもご飯をごちそうになりながら聞けるチャンスはもう二度とありません。この機会をフルに活用し「知っている企業のOB・OGには全員コンタクトする」くらいの気概を持ちましょう。

最大限活かす学生がしていること

では早速「この子、いいね！」と社会人から好印象を持たれる学生のOBOG訪問成功例をお伝えします。下記の通りOBOG訪問を最大限活かせば、選考が終わったあともかわいがってくれる先輩に巡り合えるかもしれません。

□ 礼儀正しい依頼文を送る

LINEが主流となりメールを打ったことのない学生が増えている昨今、きちんとしたマナーでメールが打てるだけでも好印象を持ってもらえます。メールの書き方は楽なテンプレートをご用意したので、P.179を参照してください。

□ OBOG訪問の場所は自分で予約する

あらかじめ「ご希望の場所がございましたら、お伺いいたします。もしお決まりでなければ、ご希望のエリアと日時をお知らせください。場所を手配いたします」と確認しましょう。場所はカフェで、予算1,000円前後が望ましいです（数千万円の年収だとわかっている相手へOBOG訪問をする場合は、価格帯を数千円上げて相手へ失礼のないよう配慮しましょう）。相手がお店を選んでくれることもあります。その際はおまかせしたうえで、お礼を伝えましょう。

場所選びに悩んだら、「一休.com」から予約すれば大きなハズレは引きません。店舗説明で「静か」「打ち合わせ、接待向き」などと書いてある場所が望ましいです。

https://restaurant.ikyu.com/

□事前に質問を送付する

「当日伺いたいことは下記の通りです」と**OBOG訪問の24時間以上前にメールを送れば、OB・OGは回答の準備を整えることができます。**たとえその場ではわからないことでも、事前にもらえれば「他部署の××さんにでも聞いておくか」と準備できるため喜ばれます。

□緊急時の連絡先を準備する

当日電車の遅延など、緊急時の連絡が必要なこともあります。事前に電話番号をお伝えしましょう。ご年配の方などLINEを使っていない方もいらっしゃるので、LINEやSNSのIDを伝えないように注意してください。

□払うそぶりを見せる

茶番に見えるかもしれませんが、**払うそぶりは見せるのがマナー**です。「おいくらでしょうか？」など会計時に質問して払うそぶりは見せましょう。おごられたら「ごちそうさまです！」とお礼を伝えてください。

□上手におだてる

仕事ぶりを先方がおっしゃったら「さすがですね」「勉強になります」「○○さんのようになりたいです」と言葉を添えてみてください。**OBOG訪問は社会人にとって対価のない労働です。**学生はお金は払えませんが、素直におだてることで「今日やってよかった」と思ってもらえば気に入っていただける率が上がります。入社後の接待でも役に立つスキルのため、今のうちに「相手を気持ちよくさせるゲーム」と割り切ってチャレンジしてみましょう。

□ 内定後にお礼の連絡をする

OBOG訪問をした相手の連絡先はGoogleスプレッドシートなどの一覧で保存しておきましょう。そして内定後にお礼のメールを打ちましょう。将来何かの縁で一緒に仕事をすることがあるかもしれません。その際「あの礼儀正しい子か」と思っていただければプラスになります。

OB・OGの見つけ方

さて、ここまでご覧いただいたところで**「OBOG訪問をしたくても、どうやって相手を探せばいいかわからない」**という方もいらっしゃるかと思います。体育会やゼミへ所属していない場合、すぐ連絡が取れる先輩が少ないかもしれません。そこでいくつかの方法をご案内します。

□ 大学の就職課へ行く

大学の就職を支援する部門には、OB・OGの連絡先を検索できるデータベースがあるところも少なくありません。そこで検索した相手へコンタクトしてみましょう。ただし卒業時から更新されていないと連絡が取れないこともあるため、あらかじめ数人の連絡先をメモしておきましょう。

□アプリを活用する

近年、OBOG 訪問を支援するアプリが増えました。ただしOB・OG の善意だけでマッチングする場合は注意してください。「大学生を口説きたい」「マルチ商法へ勧誘したい」などよからぬ動機で参加する社会人もいるからです。

社会人が感じるメリットには、「企業の人事部とつながっており業務の一環として評価される」「自社インターンなどへ勧誘できる」「消費者調査を学生相手にできる」などがあります。それらを踏まえた OBOG 訪問がなされているか気にしましょう。また、原則はランチタイムに設定することで、身の安全を確保しましょう。

以下、2 つの OBOG 訪問アプリを紹介します。

・ビズリーチ・キャンパス

自分の卒業大学の OB・OG を探せるサービスです。大学の先輩のみを検索できることから「自分の志望する企業が無謀ではないか」を知るチャンスにもなります。有名にもかかわらずOB・OG が 1 名も進んでいない企業へは、行ける可能性が少ないからです。

・Matcher（マッチャー）

卒業校以外の OB・OG も検索できるサービスです。現職では異なる企業におられる方だとしても、新卒で志望企業にいれば訪問する価値はあります。

IT の世界は日進月歩、**アプリを活用してどんどん OBOG 訪**

問を重ねていきましょう。

現在、学生の４人に１人が就活セクハラを経験しています。OBOG 訪問は残念ながら、セクハラが起きやすい場です。自衛策として (1) オンラインでの OBOG 訪問を優先してボディタッチの機会をなくす (2)「彼氏はいる？」「部屋を見せて」などと言われたら「個人的な質問には答えないよう、大学から指導されています」と答えて逃げる (3) 面談は録音して問題があれば応募先の人事と大学へ報告する、といった対応を取りましょう。

セクハラを断れば内定できないかもしれない……という不安を抱くかもしれませんが、あなたはそんなセクハラを容認する会社へ、本当に入りたいですか？　まずは人事部の対応を見て、考えてみてください。なお、録音・録画は SNS へ公開すると違法行為になる可能性も。あくまで記録用に保管しておきましょう。

02

OBOG訪問の流れとマナー

OBOG訪問の流れ

OBOG 訪問の流れは、ざっくりまとめると下記の通りです。

1. OB・OG へ訪問依頼のメールを送る
2. 日時を調整する
3. 場所を確保し予約したら連絡する
4. ES の下書きを完成させておく
5. 前日までに質問することを送付する
6. 実際にお会いする
7. お礼のメールを送る

この OBOG 訪問の流れを、各ステップごとに見ていきましょう。

1. OB・OGへ訪問依頼のメールを送る

メールには定型文（テンプレート）があります。定型文さえ守ればお怒りを招くことはほとんどありませんので、図 7 の○○の部分を穴埋めする形で書いていきましょう。

図7　OBOG訪問を依頼するメール例

メールタイトル：OBOG 訪問のお願い（□□大学　角川太郎）

何の用事か
わかりやすいタイトルを
つけ、送付します。

○○○○（社名）
○○部　○○課
○○　○○　様

宛名は必ず書くこと。最低でもお相手の氏名は記載。訪問先の社名・部署までわかるときには書きます。部署名などわからないときは省いても OK。

初めてメールをいたします、□□大学の角川太郎と申します。
○○を経由して○○様のことを知り、
OBOG 訪問をさせていただけないかと思いメールいたしました。
急なご相談で誠に恐れ入りますが、差し支えなければ、
○月下旬〜○月上旬の辺りでお話をお伺いすることは可能でしょうか。

どの経緯で知ったか
書かないと、相手も
ちょっと怖くなるので
記しましょう。

お忙しいなかお手数おかけしてしまい恐縮ですが、
まずは訪問の可否をご教示いただけますと幸いです。

いきなり日時調整に入らず、
相手の可否を伺います。
決算直前や月末など、
忙しい場合はそもそも
対応できない場合もあります。

何卒、よろしくお願い申し上げます。

--
角川　太郎
□□大学
☆☆学部　△△学科
Tel：080-XXXX-XXXX
Mail：taro.kadokawa@xxxx.jp

□ポイント①　30文字程度で改行しましょう

スマホからメールを送る学生が多いため、近年改行のないメールが増えています。必ず改行したメールを送りましょう。

□ポイント②　題名と宛名を書く

LINE と異なり、メールでは必ず題名と宛名を書きます。題名はわかりやすく「OBOG 訪問のお願い」などとしましょう。宛名は会社名、部署名、氏名を改行しながら書きます。

次に、OBOG 訪問をお断りされた場合のメール返信例も記載

します。くれぐれも「断られたしいいや」と返信を怠らないようにしてください。**失礼な態度は人事部へ報告される恐れがあることを、肝に銘じておきましょう。**

図８　お断りされた場合の返信例

メールタイトル：Re: OBOG 訪問のお願い（□□大学　角川太郎）

> メールの返信を押すとタイトルに「Re:」とつきますが、これが返信の印なので消さないこと。

○○○○（社名）
○○部　○○課
○○　○○　様

> ２回目からの挨拶は「お世話になっております。」で統一します。

お世話になっております。
□□大学の角川太郎です。
この度はご多用中のところ、ご返信くださり誠にありがとうございます。

> まずは名乗り、返事をくれたお礼を添えます。

本件承知いたしました。
またお会いする機会をいただけました際には
どうぞよろしくお願い申し上げます。

> シンプルに「わかりました」と伝えるのが一番よいです。「わかりました」の敬語が、「承知いたしました」となります。「大丈夫です」「了解しました」などは、そもそも目上の方に対して使う言葉として不適切なので、使いません。

--
角川　太郎
□□大学
☆☆学部　△△学科
Tel：080-XXXX-XXXX
Mail：taro.kadokawa@xxxx.jp

> 署名は毎回つけます。

２．日時を調整する

３．場所を確保し予約したら連絡する

快諾していただけたら、日程調整をしましょう。こちらはよりテンプレートで対応しやすいので、迅速にやりとりを進めます。

図9　日程調整のメール例

メールタイトル：Re: OBOG 訪問のお願い（□□大学　角川太郎）

> メールの返信を押していくと、「Re: Re:」と重ねて増えていく場合がありますが、返信の印なので余程の数にならない限り消さないこと。

○○○○（社名）
○○部　○○課
○○　○○　様

> 2回目からの挨拶は「お世話になっております。」で統一します。

お世話になっております。□□大学の角川太郎です。
この度はご多用中のところ、ご返信くださり誠にありがとうございます。
また、ご快諾くださり、重ねて御礼申し上げます。

> まずは名乗り、返信をくれたお礼を添えます。

つきましては、いくつか候補日時をご提案いたします。
お時間は1時間ほど頂戴できればと存じます。
もし、いずれのお日にちも難しいようでしたら、
別日をご教示いただけますと幸いです。

・1月19日（水）　10:00〜17:00
・1月20日（木）　11:00〜16:00
・1月21日（金）　終日

> 候補日時は自分から提案しましょう。また、苦手な食材や場所の候補などはあらかじめ聞いておきましょう。

また、ご希望の場所はございますでしょうか。
もしお決まりでなければ、貴社近くの△△駅周辺で
お店を予約したく思いますので、○○様が苦手な食材等ございましたら、
あわせてお知らせいただけますと幸いです。
何卒、よろしくお願い申し上げます。

--
角川　太郎
□□大学
☆☆学部　△△学科
Tel：080-XXXX-XXXX
Mail：taro.kadokawa@xxxx.jp

> 署名は毎回つけます。

図10　日程確定および場所を知らせるメール例

メールタイトル：Re: Re: OBOG 訪問のお願い（□□大学　角川太郎）

> メールの返信を押していくと、「Re: Re:」と重ねて増えていく場合がありますが、返信の印なので余程の数にならない限り消さないこと。

○○○○（社名）
○○部　○○課
○○　○○　様

> 2回目からの挨拶は「お世話になっております。」で統一します。

お世話になっております。□□大学の角川太郎です。
OBOG 訪問の日程につきまして、
1月20日（木）　11:00〜12:00 で承知いたしました。

> 「わかりました」の敬語は「承知いたしました」で統一しましょう。

当日はご足労いただくこととなり恐縮ですが、
下記へお越しいただけますと幸いです。

レストラン　角川カフェ
予約者名：角川太郎
東京都千代田区○○3丁目12－15
https://www.tabelog.com/tokyo/XXXXXXXXX/123456/
TEL：03-XXXX-XXXX

> 場所は、店名・住所・電話番号・自分の予約者名を記載します。可能なら食べログなどの URL もあると、先方が迷った際に確認できるので、親切です。

また、当日何かございましたら
080-XXXX-XXXX までご連絡くださいませ。
当日はお話をお伺いできること、楽しみにしております。

> 緊急連絡先の電話番号を相手方に知らせること。

何卒、よろしくお願い申し上げます。

--
角川　太郎
□□大学
☆☆学部　△△学科
Tel：080-XXXX-XXXX
Mail：taro.kadokawa@xxxx.jp

4. ESの下書きを完成させておく

ESの過去問を見ながら、下書きを作ります。下書きといっても日本語が誤っているESや、他社のコピーとすぐわかるようなESで粗相をしないよう気を付けましょう。あくまで「提出していないだけで本番に近いもの」を作り込んでいってください。

当日ご覧いただくためにも、ESは2部印刷しておきましょう。1部は自分用、もう1部は先方にご覧いただくためです。

5. 前日までに質問することを送付する

OBOG訪問の前日までに、質問内容をまとめておき（※ワークシートをご活用ください）、そのうえでメールを送ります。

もし先方が代わりにお店を予約してくれたら、メールで「お席のご予約ありがとうございます。それでは当日そちらへ伺いますので、よろしくお願い申し上げます」とお礼を伝えましょう。

図11　事前に送る質問内容のメール例

メールタイトル：Re: Re: OBOG 訪問のお願い（□□大学　角川太郎）

〇〇〇〇（社名）
〇〇部　〇〇課
〇〇　〇〇　様

お世話になっております。□□大学の角川太郎です。
1月20日にお会いする際、お伺いしたい内容を送付いたします。
当日その場でかまいませんので、ご高覧いただけますと幸いです。

返信せずとも大丈夫、という安心感を与える序文にしておきます。

＜お伺いしたい内容＞
・貴社は近年電気事業に特化していますが、社員の方は
　それをどう受け止めていらっしゃいますか。
・貴社でどのようなキャリアパスを歩んでいらっしゃいましたか。
・入社までにどのようなスキルを鍛えれば、初年度から「おっ」と
　思っていただけるでしょうか。
　もし過去にそのような事例がありましたら、ご教示くださいませ。

敬語で簡単な質問内容をリストアップしましょう。

また、当日はエントリーシートを持参いたしますので、
〇〇様にご高覧いただき、ご指導いただければ幸いです。
何卒、よろしくお願い申し上げます。

当日、ES添削があることも伝えておきます。

--
角川　太郎
□□大学
☆☆学部　△△学科
Tel：080-XXXX-XXXX
Mail：taro.kadokawa@xxxx.jp

6. 実際にお会いする

当日気を付けていただきたいのが社会人を怒らせないマナーです。学生によっては社会人のマナーを知らないがゆえに、無自覚なまま先方を激怒させてしまう惨事が起こり得ます。そこでまずはダメなOBOG訪問の例を見てみましょう。なお、以下に出てくる行為はすべて筆者が受けたものです。他人事と笑わず、しっかり注意してください。

OBOG訪問で悪印象を与える質問例

□ネットで調べればすぐに出てくる質問をする

・どんな社風ですか
・御社の業界はどんな仕事をしていますか
・年収はいくらですか
・どんな人材が求められていますか
・就活でどうしたらいいでしょうか
・(IT企業志望で) サーバーって何ですか

□社員を遠回しにけなす質問をする

・コネ入社が多いと聞きますが本当ですか
・もっとオタクっぽい人が来ると思っていたので安心しました
・働いていて楽しいことはありますか
・なんで○○社なんかへ転職されたんですか

■ 志望度が低そうに感じられる質問をする

・本社周辺で美味しいランチの場所を教えてください
・家賃補助やボーナスはいくらですか
・御社は第二志望なのですが、第一志望の○○社に勝っていると思う要素はありますか
・特に志望業界は決まっていないのですが〜

これらの言動を避けていただければ、大きな地雷を踏むことはないでしょう。また、態度においても以下の点に気を付けましょう。

■ OBOG訪問で許されないふるまいの例：

・業界や企業のことを何も調べずに伺う
・断りなく喫煙をする、お酒を飲む
・Tシャツに半パン、サンダルなどカジュアルすぎる服装で向かう
・メモを取らない
・聞いたことを忘れ、同じ質問を何度もする
・勝手にご飯やドリンクを注文する
・遅刻するのに連絡しない（数分単位でも厳禁です）
・30分以上遅刻する
・いただいた名刺をお店に忘れて帰る
・ついリラックスしてタメ口を使う

最初は緊張するかもしれませんが、社会人になればこのようなやりとりが何度も待ち受けています。OBOG訪問でどんなに失敗しても、せいぜい1社の面接で不利となるくらいです。ま

た、お叱りを受けても「大変申し訳ございません、このような失敗は二度といたしません！」と謝るだけで挽回できます。
まだ失敗が許されるOBOG訪問のうちに、どんどん失敗しましょう。そして社会人生活1年目からよいスタートを切れるよう「これは練習だ」と挑んでみてください。

7. お礼のメールを送る

最後に、お礼のメールを送ります。

図12　お礼のメール例

メールタイトル：お礼：OBOG訪問のお願い（□□大学　角川太郎）

○○○○（社名）
○○部　○○課
○○　○○　様

タイトルに「お礼：」とつけます。

お世話になっております。□□大学の角川太郎です。

先日はご多用中のところ、お時間をいただき誠にありがとうございました。
○○様のおかげで、第一志望の貴社に対する理解がより一層深まり、
選考への意欲がますます強くなりました。

お礼を伝え、また、具体的にどこがよかったのか、簡潔に伝えます。

これから選考にて尽力してまいりますので、
今後とも、何卒よろしくお願い申し上げます。
また、OBOG訪問へのご協力をいただきましたこと、
重ねて御礼申し上げます。

お礼は最後に重ねて伝えます。

--
角川　太郎
□□大学
☆☆学部　△△学科
Tel：080-XXXX-XXXX
Mail：taro.kadokawa@xxxx.jp

ここまでできたら、OBOG訪問は終了です。最初は大変かもしれませんが、一度できてしまえばあとは流れ作業です。
あらかじめ図のようなメールを「下書き」で作成しておき、宛名を変えるだけで送れるように工夫しておきましょう。その際、**くれぐれも相手のお名前を間違えないよう注意してください**ね。

OBOG訪問を最大限効率化する質問一覧

さて、ここからはOBOG訪問を最大限効率化する質問の作り方をご紹介します。まずは3つの原則をご覧ください。

原則1．質問は1時間で5問まで

1時間のOBOG訪問では5問程度まで質問を絞りましょう。挨拶で10分、そして質問の背景を聞く過程で各問10分は使ってしまうからです。

原則2．質問をするとき「答えの仮説」を準備する

質問を書くときはやみくもにリストアップするのではなく**「きっと相手はこう答えるだろう」という仮説を立てます。**たとえば「長く勤続される方の共通点には何があると思いますか？」という質問へ仮説を立ててみましょう。

想定企業：電通

「長く勤続される方の共通点には何があると思いますか？」
仮説「そうだな、最後は泥臭い営業ができるかどうかじゃないかな。すぐに辞めちゃう子に多いのは代理店の仕事が戦略を提案するキレイゴトだと思ってる子なんだよね」

このように仮説を用意しておくことで、質問したのち「そうなんですか……で、次の質問ですが」と、浅い質問ばかり繰り返さずに済みます。仮説さえあれば予想通りにいっても、外れても「それはどうしてですか？」「具体的な例を教えていただけますか？」と深掘りできるからです。

たとえば先ほどの例。電通の社員さんへ「そうですか」と答える代わりに、「なぜそう思われたんですか？」と聞けばこういう答えが聞けるかもしれません。

「代理店の社員たるもの、クライアントの会社さんへ伺って、無茶振りにだって応えなきゃいけない。飲み会だってお取引先から誘われたら断れないしね。でもそういう泥臭さをわかっているからこそ、最後に戦略もハマって商品が売れたときに嬉しいんだよな。そこまで気持ちがもつかどうか、って話だと思う」

ここまで聞いておけば、電通では面接やESで自分の泥臭い経験、できれば目上の方からの無茶振りに耐えた経験を見せるべきだとわかるはずです。**仮説をまず作り「なぜ」を深掘りすることで、実り多いOBOG訪問を実現してください。**

原則3. OBOG訪問は検証の場

本書では何度も「あらかじめ調べたうえで疑問に感じたことを聞くのがOBOG訪問」とお伝えしました。そのため、OBOG訪問の質問は下記のようなものになれば最適です。

□OBOG訪問で望ましい質問の例：

・貴社の説明会で社風が○○だと伺いました。この具体的な例が身近にございましたら教えていただけますでしょうか。
・採用ページなどに典型的なキャリアパスは1年目で○○、5年目で○○とありましたが、こういったキャリアパスは実際に○○さんの部署でも同様でしょうか？
・以前、貴社の別の方へお話を伺いましてその方から貴社の強みは○○だと教えていただきました。○○さんもそう思われますか？

ただし、部署外の質問はしないようにしましょう。あなたが文学部なのに「理学部で楽に単位が取れる授業は何か」と質問されても答えられないように、会社員も自分の管轄外のことは知らないものです。たとえば「機械部門　営業」の方へお話を伺う際に「総務部のキャリアパス」を質問しても、得られる情報は限られます。もしどうしても該当部署へのツテが欲しければ、OBOG訪問で「同期の方などに○○部の方がいらしたらご紹介いただけないでしょうか」と相談してみてください。

オンラインOBOG訪問の対策

新型コロナウイルスの流行に伴い、オンラインのOBOG訪問が一般化しました。オンラインのOBOG訪問では、場所を確保する手間が省けると同時に、部屋が露わになってだらしない私生活がバレるなど、新しいリスクも生まれています。ここで、簡単にOBOG訪問で気をつけるべきポイントを押さえておきましょう。

□背景を設定しておく

主なオンライン会議システムであるZoom、Microsoft Teams、Google Meetではいずれも、人工の背景を設定できます。あらかじめ画像を設定し、シンプルな会議室など無難なものを設定しておきましょう。背景設定ができないツールを利用する場合は、汚い部屋などが映らないよう機器の位置を調整しましょう。

□ 照明を手配する

光が自分の後ろから当たる「逆光」になると、あなたの顔が相手に見えません。自分の顔の正面または横から光が当たるよう、機材の位置を調整します。私はいつでも同じ顔になるよう、ライトを前から当てています。ECサイトで「照明　会議」などで検索して、ライトを購入してみてください。

□ インターネット接続環境を確認する

せっかく確保していただいた貴重な時間を、接続の不具合で奪われては元も子もありません。これをきっかけに、自宅へWi-Fi環境を導入してみましょう。できればスマホのテザリングと自宅のWi-Fiと、いざとなっても切り替えられる予備の回線がある状態が望ましいです。事前に音声テスト、映像テストも行い万全の態勢で参加しましょう。

オンラインでも、大まかな流れは対面と変わりません。対面と同様に丁寧な態度でOBOGへ接してください。

03

リクルーター面談攻略法

リクルーター面談とは？

さて、ここからは一風変わったOBOG訪問である「リクルーター面談」をご紹介します。**リクルーター面談とは、企業が一部の応募者のみへ行う「優遇措置」としての社員面談です。**あなたがプレエントリーやエントリーをしたあとに**「懇親会」「会社主催のOBOG訪問」「質問会」などへお誘いがきたら、それがリクルーター面談のこと。**カフェなどの社外で20代から30代前半の若手社員が学生2〜3名を相手にし、質問を受け付けたりESの添削をしてくれたりします。

この若手社員をリクルーターと通称するため、この選考を「リクルーター面談」と呼びます。リクルーター面談は建前上「就活解禁前の相談会であり、選考と無関係」ですが、実際には通過者のみ面接をスキップさせてくれるなど**特典がある選考の一形態**となっています。

多くの場合、大学ごとにリクルーター面談を受けられる定員は決まっています。また、一般的には**高学歴になればなるほど**

面談を受けられるチャンスが増えます。リクルーター面談で好印象を残せば本選考で面接を飛ばしてもらえるなど、選考に有利となります。その一方、リクルーター面談で大きな失敗を犯せばそのまま選考終了となる恐れもはらんでいます。

そして、あなたが高学歴であるにもかかわらずリクルーター面談へ呼ばれなかったとしても、落ち込む必要はありません。優遇措置を受けられなかっただけで、一般選考は残っているからです。

□ リクルーター面談が実施される主な業界：

- 銀行（三井住友銀行、農林中央金庫、日本銀行、日本政策投資銀行など）
- 保険（第一生命保険、住友生命保険、東京海上日動火災保険など）
- 証券（大和証券、野村證券など）
- インフラ（JR東海、JR西日本、関西電力、JR貨物、NTTコミュニケーションズなど）
- その他（旭化成、清水建設、日本製鉄、JFEスチール、大成建設など）

リクルーター面談の目的は2つ。**優秀層を早期に選考で囲い込むこと**と、**リラックスした状態で素の様子を観察すること**です。リクルーター面談は就活解禁の何カ月も前から実施され、青田買いの手段として活用されています。

したがって、**リクルーター面談を実施する業界へ興味があるなら、それまでに面接の練習をしておく必要があります。**外資系企業の選考やOBOG訪問を通じて「年上の方と敬語で話す」訓練を積んでおきましょう。特に、体育会に属した経験やフォーマルなアルバイト経験がない方は、すぐにでも対策を始めてください。

リクルーター面談対策

リクルーター面談は、「リラックスしたら負け」のゲームです。たとえフランクな雰囲気で呼び出されたとしても、必ずスーツを着ていってください。また、カフェなどで気軽に行われても決して姿勢は崩さず、敬語を遵守してください。

リクルーター面談の対策ポイントは下記の通りです。

1. タメ口と足くずしに気を付ける

リクルーター面談では年次の浅い先輩社員が来ることも多く、ついリラックスしてタメ口になったり、足をくずしたりしがちです。しかしそういった**「ボロが出る瞬間」を社員は見逃しません。**模擬面接をしっかりと行い、万全の姿勢で挑みましょう。

2. ES／面接のよくある質問で予習する

さて、リクルーター面談では若手が基本的な質問をすることがほとんどです。「志望動機を教えてください」「学生時代に頑張ったことは何ですか？」などオーソドックスな質問をされるため、Chapter 03のES設問例などを参考に、回答のカンペを作ってみましょう。

3. 食事のマナーに気を配る

面接と異なり社外で行われるリクルーター面談では、**食事の作法が意外な落とし穴となります。**といっても、美しい食べ方をしろというわけではありません。

「社員を入口から遠い席、または景色が見える席へ誘導する」「率先してご飯を取り分ける」「おしぼりで顔を拭かない」「喫煙は面談後にする」「支払いするそぶりを見せる」といったビジネス上の食事マナーへ気を配りましょう。

ネットで「食事　ビジネスマナー」で検索すると、大量の結果が出てきます。それらへ目を通し、できれば保護者の方などと練習してください。

4. 逆質問を10個作る

リクルーター面談で独特なのは、**「逆質問の機会が多い」**ことです。逆質問とは、学生から面接官へ質問すること。10個以上質問させられるケースもあるため、粗削りでも質問を多数用意しておきましょう。質問の作り方はP.186の「OBOG訪問を最大限効率化する質問一覧」をご参照ください。

5. お礼を伝える

そして建前上は「OBOG訪問」「懇親会」となっているため、面接とは異なり、会話のキャッチボールが求められます。お話を伺っているときはメモを取り、「実際にそう感じられた経験はございますか？」などと内容を深掘りしていきましょう。お礼をきちんと伝えるなど礼儀作法を守りすぎるほど守るようにしてください。

OBOG訪問やリクルーター面談は「やるまで怖い」ものですが、思い切ってやってみると案外うまくいくものです。「貴社で他の方も紹介していただけませんか」と、芋づる式にOBOG訪問を続けることもできますから、まずは最初の一歩だけ踏み出してみましょう。

OBOG訪問は選考準備にとどまらず、その後の上司やお取引先に巡り合える機会でもあります。**「無料どころか、ご飯をおごられながらその道のプロに話を聞ける人生最後のチャンス」として存分に楽しんでください。**

□リクルーター面談の会話例：

学生　「初めまして、○○大学の角川太郎と申します。本日はよろしくお願い申し上げます」

リクルーター　「はい、○○株式会社の○○です。よろしく。今日はざっくばらんに質問を聞きたいと思っているので、弊社や僕に関して気軽に聞いてね。いち先輩として、アドバイスできればと思っているから」

学生　「ありがとうございます。早速ですが（ノートを取り出す）、○○さんはどのような背景から、御社を志望されたのですか？」

リクルーター　「それはね、僕が大学生のころ……」

学生　「ありがとうございます。おっしゃった理由は、私にも当てはまるように思います。同じような理由で志望された先輩がいらっしゃるのが、心強いです。矢継ぎ早で申し訳ございませんが、次にお伺いしたいことを申し上げてもよろしいでしょうか？」

リクルーター「はい、どうぞ。あ、他の子も聞きたいことがあれば何でも言ってね」

学生「申し訳ございません、私の配慮不足でした。一緒にいらしている○○さんへまずはお譲りさせてください。○○さん、お願いいたします」

リクルーター（この子は質問もテキパキできるし、そのうえで協調性もありそうだな。ミスを素直に謝れるのがいいね。次回の面談も通しておこう）

——面談後

リクルーター「では、そろそろ時間なのでおいとまさせていただきますね」

学生「はい、本日は貴重なお時間をありがとうございます。○○さんのおかげで、御社への具体的なイメージがわきました。今後ともご指導のほど、よろしくお願い申し上げます」

Chapter 04 ——まとめ

- OBOG訪問をすると「選考で有利になる・面接での失敗を防ぐ・これまで調べた情報を検証できる・ESを添削してもらえる」4つの利点があるため必ず経験しておこう。

- 大学の就職課だけでなくアプリを活用し効率的にOB・OGを探そう。

- スマホを主に使う学生には不慣れなメールのやりとりは、テンプレートに従って無難なやりとりを心がけよう。

- 会社主導の懇親会・OBOG訪問はリクルーター面談へのお誘い。選考が有利に進むため是が非でも参加しよう。

Chapter 05

論点を押さえ
自分の役どころを演じ切る

グループワーク

01

グループワークとは

企業は「働いているあなた」を見たい

就活の選考においては、頻繁にグループワークが登場します。代表的なものは3〜10人で一定時間内に課題を解くグループディスカッションです。他にもインターンシップ中に、より複雑な課題を出され、数人でチームを組んで課題を解く選考があります。

まず、20〜40分程度で解く場合の「グループディスカッション」の例題を見てみましょう。

□ グループディスカッションのお題例：

・10年後にこの業界はどうなっているだろうか？
・業務において速さと質のどちらを優先すべきか。
・スーパーの売上を2倍にするにはどうすべきか。
・残業時間を減らすためには何ができる？

グループディスカッションと比べ、インターンシップ中に課される課題は市場シェアや成長率など詳細にわたるデータを渡され戦略を提案するなど、込み入った内容となります。しかしどうやって課題を解くべきか、対策は大きく変わりません。そのためこの章では「グループワーク」としてまとめてお話しします。

グループワークを企業が実施する目的は、あなたの働きぶりを見ることです。同じ学生同士とはいえ、当日会ったばかりの他人と協働作業をするのは簡単ではありません。自分の意見を強硬に主張する人を説得せねばならなかったり、逆に自分の意見が正しいと信じるなら、反対を乗り越えてでも通さねばならなかったりします。こういった**逆境を乗り越え、入社後も活躍できるかを観察できるのが企業側のメリット**です。

もっと身もふたもない企業のメリットとしては、**選考の簡略化**があります。毎年何万人も応募する人気企業では、ひとりひとりを面接する余裕がありません。そこでグループワークを導入し、一気に100人単位の選考を実現しているのです。

「もっとじっくり見てほしい」という就活生の気持ちもわかります。しかし企業も学生をさばき切れず、苦肉の策としてグループワークを導入していることは理解してあげましょう。

先述の通り、企業はグループワークであなたが現場でどう活躍できるかを見ています。したがって、グループワーク型の選考を勝ち抜くためには「あなたの働きぶり」を見せねばなりません。

たとえば「グループワークでひと言も話せず、地蔵のように立ちすくんでしまった」経験があるとしましょう。そうなるとあなたの働きぶりをプラスの面でもマイナスの面でも見せられなかったこととなり、選考を通過する可能性は低くなります。

その企業を受ける気が失せたのでもなければ、**グループワークの最中に何らかの「価値」を提供しましょう。**

グループワークであなたが発揮できる価値の例を紹介します。

□ グループワークで発揮できる価値の例：

・どう進めるか提案することで議論の流れを統括する
・優れた案を出すことで議論の質を高める
・議論を整理してチーム全員が論点を理解できるようにする
・出た案の中から優れた案を選び取り最適化する
・劣っている案を上手に説得してあきらめてもらう
・時間を管理し、発表に間に合うよう誘導する
・過熱しすぎた議論を一度止め、リフレッシュさせる

こうして見ると「大変そうだ」と怖気づくかもしれません。しかし**実際のグループワークは、普段からあなたがやっていることの延長にあります。**想像してみてください。あなたと大学の友達10人が集まってご飯を食べるとします。中には「絶対○○がいい」とお店を指定したがる人や、門限があって早く帰らざるを得ない人もいるでしょう。そういった人たちの意見をまとめて、適切なお店を探すプロセスはグループワークとそう変わりません。ただ、ビジネスの場であることを踏まえ丁寧なやりとりをするだけです。

そしてグループワークは「話しベタを落とす」選考ではあり

ません。**話すのが苦手な方には、それなりの勝ち方があります。**次の項目であなたが持っている強み別に勝ち方をご紹介しますのでご安心ください。

強み別・グループワーク必勝法

さて、**あなたの強みに合わせたグループワークの勝ち方を考えてみましょう。**グループワークではつい「自分はこんなこともできない……」と、欠点に目が行きがちです。

しかし、今働いている社員の方々も、入社試験の際にグループワークですべての役割を器用にこなせていたわけではありません。**オールマイティに活躍するよりも、自分の強みを活かした戦い方を身につけましょう。**

ここでは、あなたが普段からどういうことを強みとしているか考えながら、各項目を見てみましょう。そして、該当する項目があればその対策を採用してください。複数強みがあるならば、当日の状況に合わせて異なる強みを見せられます。理想的には**2つ以上の対策を持っておくことが望ましい**でしょう。**強みが1点のみだと、他の方とかぶってしまう可能性もあるからです。**

以下、当てはまる項目を見つけて、対策を読んでみましょう。

1. 自分の意見を説明するのが得意な「パイオニア型」

【対策】あなたはグループワークで口火を切ることができます。周りのみなが資料を読んでウンウン唸っているときでも、**とり**

あえず意見を出すことで議論を活性化できるのが強みです。「まだ考えながらなんだけど」と前置きしつつ、冒頭から意見を述べましょう。ただし、資料を読んだり議論のテーマを定義したりする**「前座」の段階で口火を切るとただの迷惑なご意見番になるのでご注意を。**

2. 議題をまとめ、次へ進められる「リーダー型」

【対策】あなたはグループワークでリーダーシップを握れる方です。案を自分で作る必要はありません。むしろ**「○○さんはどうですか」と振ることで、人に意見を作ってもらいましょう。そのうえで論点を整理して次のステップへ進められるのがあなたの強み**です。大切なのは案を整理する際に「与えられた資料の数字や最近のニュースでわかっているトレンド、消費者の意見など論理的な根拠を持っておく」こと。決して多数決や、自分の好みで案を採択しないよう気を付けましょう。

3. 複数の意見を合わせ最適案を出せる「バランサー型」

【対策】あなたはグループの仲たがいを収められる方です。チームで意見が複数出て衝突したら、どの案も並立できないか提案してみましょう。A案vs B案の構図になるとチームで仲たがいが発生しますが、**あなたが活躍すれば協調的に議論を進められます。**逆に議論がスムーズに進みすぎるとき、ただ沈黙する方にならないよう注意。そういうケースでは他の強みを発揮できないか考えてみてください。

4. 時間を気にしつつ作業ができる「タイムキーパー型」

【対策】あなたは過熱する議論のまっただ中でも時間制限を意

識できるタイムキーパーの才能があります。「そろそろプレゼンの準備をしないと間に合わないかも」と、全員を動かすことができるでしょう。一方、時間を管理しているだけではあなたの働きぶりは十分発揮されません。したがって**普段は別の強みを発揮して議論へ参加しておきつつ、時間「も」気にできるとよいでしょう。**

5. 字がきれいな「書記型」

【対策】あなたは論点を書き記し、見える形で整理できるまとめ役です。口頭で議論をしていると「いかにもわかっているようだが、実は二者間で前提の全く違う議論をしてしまった」という悲劇が起こります。あなたは人の話を聞きながら大きめの紙にペンなどで議論を整理してあげましょう。みんながそのメモを見ながら議論できるようになります。**話しベタな方でも発揮しやすい強み**である一方、スピーディーな筆記が求められます。オンライン開催ならGoogleドキュメントをURL共有して見せればOK。

6. 発表でスラスラ話せる「プレゼンター型」

【対策】あなたは発表者になるべき人材です。グループワークでは最後に発表が控えていることもままあります。そこであなたは議論を丁寧にまとめ、発表できるでしょう。一方、発表だけをすると「人の成果物を最後だけ横取りした」と誤解されかねません。最初から「プレゼンが得意なので、みんなの意見を聞きながら、同時並行でプレゼン資料作りをしておくよ」と前置きし、価値を提供しましょう。

7. とっさの質問に答えられる「トラブルシューター型」

【対策】あなたはプレゼンで採用担当から投げかけられるとっさの質問に対応する補佐官です。また、発表がないグループワークでも採用担当が疑問を抱きそうな論点を見つけられます。そのため「これ、こんな風にツッコミが来たらどうする？」といった疑問をグループへ投げかけ、**議論の質を高められる**でしょう。ただし言い方がキツすぎると悪印象を与えてしまうため、「私の理解が至らないせいだと思うのですが……」などと質問する前に枕詞を置き、**ソフトな言い方を心がけましょう。**

このように、グループワークではひとりひとり異なる強みを発揮して成果を出せます。もしここに該当する強みがなければ、練習をすることで意図的に強みを作っていきましょう。

特に優れたグループワークでは、全員が議論をしているのではなく、「あなたたち３人で議論を進めて。その間に私は意見をサポートできる資料を探しておく」「プレゼンの資料作りは進めておくから、今のうちに目標となる売上へ届いているか試算してくれる？」といった同時並行の作業が発生します。「議論を最高レベルへ持っていくために、今欠けている役割は何だろう」と意識し、その役割を臨機応変に担えればグループワークで全勝すら狙えます。

自分が主に発揮する強みを理解したら、次にグループワークの全体的な流れを見ていきましょう。

02

グループディスカッション攻略法

考え方の黄金フロー

グループディスカッションでは、どう進めるべきか手順が決まっています。具体的な流れを追いつつ、練習を通じて慣れていきましょう。

□ グループディスカッションの手順：

1. 進める手順を話して合意する

グループディスカッションの手順は、慣れている人こそ知っているものの「これが人生初めて」の方もいます。そこでまず、**「どういう流れでこのグループディスカッションを進めたいか」を説明して合意しましょう。**本書に書いてある流れをざっと説明して「制限時間が○分なので、まず○分で資料を読み、次に……(中略) という進め方でいきたいのですがよろしいでしょうか？」と確認するだけで十分です。

2. 資料を読み込む

グループディスカッションでは資料が与えられるケースもあります。そのときは数分程度で各自が読む時間を取りましょう。

細かく読んでいると時間を取られてしまうため、あくまでざっと目を通す程度の時間を取るだけで構いません。読みながら課題と関連が強そうな部分に線を引くなど、議論を踏まえて目を通します。

3. 課題を数値目標へ落とし込む

グループディスカッションで課される課題の多くは「理系女子を増やすにはどうすればいいか？」など、あいまいな要件定義しかされていません。そこで課題を数字へ落とし込みます。たとえば、こんな風に話し合いましょう。

………………………………………………………………

Aさん「グループディスカッションの課題は『理系女子を増やすにはどうすればいいか』ですが、ここでは話しやすくするために数字で目標を設定しましょう。ここに理系学部の方はいらっしゃいますか」

Bさん「私です」

Aさん「ではBさんの理系学部で、女性比率はどれくらいか教えていただけますか？」

Bさん「そうですね、クラスが30人で女子が3人くらいだから、ざっと1割かと思います」

Aさん「では仮に、5年間で理系学部の女子学生比率を1割から2割へ増やすという目標でいかがでしょうか」

Cさん「賛成です。でもそれだけだと日本全体で何人増やすべきかわからないですね」

Aさん「そうですね。私の大学の文理比率を参考に使ってみると、理系学生は20％程度です。日本には年間で約100万人の子どもがうまれて、半分が大学へ進学します。ですので毎年約50万人が大学生になっています。50万人のうち20％が理系なので10万人。さらにその1割が女性だとすると、理系女子は各学年に約1万人いると仮定できます」

Bさん「であれば、目標は5年間で理系女子を1万人から2万人へ増やすことですね」

Cさん「ちょっと待ってください。理系女子が大学4年間の学生を指すなら、各学年の1万人を4倍して4万人いる理系女子を8万人へ増やすことになりませんか」

Aさん「Cさんのおっしゃる通りですね。では理系女子を5年間で4万人から8万人に増やすことを目標に案を出し合いましょう」

特に理系の学生は驚かれるかもしれませんが、グループディスカッションでは仮説の数字に基づいて目標数値を設定します。実際の理系女子は6万人かもしれないし、10万人かもしれません。しかし**グループディスカッションでは数字の正確さよりも議論のやり方が協調的・論理的かどうかが採点対象**となります。

したがってある程度決め打ちでも構いませんから、目標数値の設定に時間を割きすぎないよう注意しましょう。目標の正確さにこだわったあげく、肝心の案を出す時間がなくなってしまえば元も子もないからです。

もし正確さへ疑問を呈してくる方がいたら「本当はそこを精査したいのですが、今日は時間が限られているので仮説のまま行きましょう」と提案してみてください。

4．案を出し合う

まずは自由に案を出し合います。ここで誰も案を出さないと議論が進まないため、偏った意見でも口火を切るように努力してください。逆に複数案が出ているときは、無理して追加提案することはありません。

5．案を絞り込む

案が出たところで、適切な案へ絞り込みます。案の絞り方はいくつかありますが、ここではコンサルティングファームなどでも使われる**「３Ｓチェック」**をご紹介します。

(1) Selectivity（選択性）	そのアイディアは他より優れているか
(2) Sustainability（持続性）	継続的に実施できるか
(3) Sufficiency（十分性）	数値目標を達成するのに十分か

最後の（3）Sufficiency（十分性）を確認するときは、実際に施策を実行したときの様子を想像します。

たとえば課題が「マクドナルドでファミリー層を狙って売上を向上させる」ことだったとします。議論で案が３つ出てきました。

①価格を下げることで来店ハードルを下げる
②人気ディズニーアニメとコラボしたメニュー作り
③すべての郊外店に子どもが遊べるコーナーを設置する

これらの案をそれぞれ、3Sチェックにかけてみましょう。

①価格を下げることで来店ハードルを下げる

価格を下げれば確かに来客は増えますが、長期的に利益を損なうため(2) Sustainability(持続性)に疑問があります。さらに客単価が下がるため(3) Sufficiency(十分性)も達成できない恐れが。

②人気ディズニーアニメとコラボしたメニュー作り

すでにある「ハッピーセット」との親和性も高く、またアメリカ系企業であるディズニーアニメとのコラボで一見達成が簡単そうに見えます。しかし毎月ディズニーアニメのコラボ商品を出せば飽きられ、客足が遠のいてしまうかもしれません。したがって(3) Sufficiency(十分性)で疑問符がつきます。

③すべての郊外店に子どもが遊べるコーナーを設置する

子どもが遊ぶコーナーを区画として作れば、複数のお母さんたちが集まる「公園」のような空間を作ることができます。ママ友が集まる場所となれば継続的な売上を期待できるため(2) Sustainability(持続性)を満たしています。ただし子どもが遊ぶスペース分だけ店舗あたりの売上が下がってしまいますので、損失が出ないか(3) Sufficiency(十分性)を試算しましょう。

□(3) Sufficiency（十分性）を試算した例：

キッズスペースをマクドナルドへ設置することで、座席6つ分の売上がなくなると仮定する。さらにマクドナルドの平均単価が700円、1日10回転すると考える。700円×10回転×6席で1日4.2万円の損失が出る。

それに対してキッズスペースができればファミリー顧客数が1.2倍になると仮定する。仮に郊外の1店舗へファミリー層が1日300家族来ているとすれば、施策後は1.2倍で360家族になる。増加分は60家族。さらにハッピーセットで1家族の単価は1,000円に増えるとする。60家族×1,000円＝6万円。

売上アップの6万円から損失となる4.2万円を引いて、1日あたり1.8万円の余剰売上が出る。したがって年間657万円が1店舗ごとの余剰売上となる。

このように試算して全店で目標の売上を達成できそうであれば、案③を採用します。試算には少し時間がかかるので、議論をしている最中から計算に強い人が率先して始めたほうがよいでしょう。

6. 発表準備をする

どの案を採用するか決めたら、発表の準備をします。考えたことを考えた順に話しても、相手には伝わりません。発表では必ず下記の手順で話すよう論点を整理しましょう。

①結論としてどんな案を採択したか
②冒頭で設定した数値目標
③どんな案が出たか
④なぜ他の案を落とし、最後の案を残したか

⑤結論としてどの案を採択したか繰り返し述べる

ここまでできたら、グループディスカッションは完成です。といっても、最後までたどり着けないことがあるかもしれません。そんなときのトラブルシューティングはP.217へ掲載しています。

ケース面接の練習で対策

さて、グループディスカッションの流れをご覧になって「意外と数字での仮説を立てさせられる」ことに驚かれた方もいるかと思います。特にこれまで私立文系で数学を避けてきた学生にとっては、グループディスカッションが鬼門となりかねません。

しかし数学が苦手な学生でも、グループディスカッションで数字を扱うことはできます。というのも、グループディスカッションに登場する考え方にはパターンがあり、パターンを把握さえすれば攻略できるからです。そのパターンを**「ケース面接」**と呼びます。

ケース面接とは、主に外資系コンサルティングファームなどで課される面接の形式です。「スターバックスの売上を2倍にするには？」といった質問が課され、数字を推測しながら試算します。そこで問われているのは正確な数字よりも論理的思考力です。したがって「本当はスターバックスが日本に1万店舗あったらどうしよう」などと悩むことはありません。**「なんとなく相手を説得できる数字」**を出せればよいのです。

たとえば、
「平均すると全国の市町村に1店舗ずつスターバックスがあると仮定して、市町村の数は約1,700個なので全国に約1,700店舗ある」といった考え方をしてみましょう。
あるいは、
「全世代で60人に1人はスターバックスを日常的に使っていると仮定する。日本の人口は1.3億人なので、217万人がスターバックスを使う。1店舗あたりでさばける顧客数がテイクアウトも含めると1日1,500人と仮定する。そうすると全国に約1,400店舗ある」
といった具合でも構いません。重ねて申し上げますが、**重要なのは正確さではなく結論へ至るまでの筋道が論理的であること**です。なおこの訓練を重ねると、自然と実際の数字に近い数値を出せるようになります。

「スターバックスを10人に1人が日常的に使っていると仮定して……いや、お年寄りや子どもは一切使わないからせいぜい50〜70人に1人くらいにしておこう」
「スターバックスは都内にたくさんあるけど、地方にはないよな……全国で考えたらせいぜい市町村に1〜2軒か」
などと、なるべくリアリティのある想像ができるようにしておきましょう。

ロジカルシンキングを身につける

ここまで見て、それでも難易度が高く感じられたあなたは「ロジカルに考えること」そのものが不慣れなのかもしれません。そこで「ロジカルシンキングはどうすればできるか？」という問いに答えたいと思います。

ロジカルシンキングをとてもざっくりと説明するならば、「ある主張において、相手を納得させられるだけの根拠を添えること」です。

そのうえでまず明確にしたいのは、**ロジカルであることと熱意があることは相反しない**ということです。

たとえば、「私は大根が何より好きです。その理由には、農家の祖父が毎年育ててくれた大根がありました。それは最高品質の味を備えていながら形が不適格で出荷できないものでした。祖父の思い出と相まって、あのときの最高の大根を今も愛しています」という説明はロジカルでありながら熱意が伝わってくるはずです。

逆にいかにも「それらしく」議論しているにもかかわらずロジカルでない文章もあります。たとえばこの文章を読んでみましょう。

例：

人には階層があります。働いている人は第一階層に属します。次に、資本家です。資本家は働いていないため労働者の下にいます。さらに下にいるのが、ニートです。働いてもいないうえに資本家のように自分で自分を養うこともできません。

この文章は一見ロジカルですが、冒頭の「階層があります」に対する根拠がありません。次に各階層を定義する根拠もありません。

このように、社会的なトピックであってもロジカルでないものは存在しますし、逆に家族との関係性であってもロジカルに説明することはできるのです。

ロジカルになるためには「意見」が必要

しかしこの例文は、ロジカルシンキングに必要な最低限の条件を満たしていました。それは〈意見を持つこと〉です。

ロジカルシンキングは常に、自分が主張したいことを裏付けるために使われます。したがって意見がないことに対してはロジカルになりようもないのです。もしあなたがロジカルシンキングを手に入れたいのであれば、日常のささいなニュースにも意見を持つようにしましょう。

たとえば、

・今日自分が選んだ服は天候に鑑みて最適だっただろうか？
・夏休みの計画は予定通りだろうか？

と自分へ問いかけ、それに「そう思う。なぜならば」「いや違う。なぜならば」と考えるクセをつけるのです。

ロジカルに考える
フレームワークがある

自分の意見を作るクセができたら、次に**フレームワーク（考える枠組み）**を学びましょう。ロジカルシンキングには、いくつかのフレームワークがあります。有名なのはイシューツリー、MECEなどです。これらは専門書で学んでいただくとして、私は就活用に最低限下記の構成で話すことをオススメしています。

「何をテーマに話すのか」
「そのテーマに対して意見をひと言で言うと何か」
「そう言える理由は何か」
「意見を実現するために何をすべきか」

です。この4つを1セットで話すクセをつければ、誰でもロジカルシンキングを始められます。

特に「何をテーマに話すのか」という目的の明確化は極めて重要です。たとえば犬と猫どちらが好きか？　といった単純な議論でさえも「犬と猫、2021年現在の全日本人口で考えた場合どちらが好かれているか」なのか「私の人生で一番好きだった動物は犬だったか猫だったか」なのかでも大きくブレてしまうからです。グループディスカッションの流れでまず「課題を数値目標に落とし込む」よう書いてあるのはそのためです。

数値へ落とし込まずにふわっとした前提で議論を始めると、グループディスカッションで「え、〇〇さんはなんでそんな話してるんだ？」と議論の後半にもなって混乱しかねません。面接においても質問に張り切って答えたつもりが「いや、私が質問したかったのはそうじゃなくてね」と切り返されてしまうかもしれません。

以下、例題を残しておきますので、ロジカルに自分の主張ができるか箇条書きにしてみましょう。

例題1

日本の大学はいくつかの外国に比べ費用が高いという意見がありますが、あなたは大学の学費を誰が負担していくべきだと考えますか。それはなぜですか。

例題2

もしタケコプターが実用化されうるとしたら、どこへどのように導入すべきですか。それはなぜですか。

最後に、いくつかグループディスカッションの役に立つ参考書籍を掲載しておきます。このリストにとらわれず、大学生協の図書コーナーなどで書籍を探してみてください。

『東大生が書いた 問題を解く力を鍛えるケース問題ノート 50の厳選フレームワークで、どんな難問もスッキリ「地図化」！』（東大ケーススタディ研究会著／東洋経済新報社）

練習しながらロジカルシンキングが手に入る、まずは購入しておきたい１冊です。

『ワンランク上を目指すためのロジカルシンキング トレーニング 77』（日沖健著／産業能率大学出版部）

就職後もロジカルシンキングを活用したいならぜひ購入してみてください。網羅的にロジカルシンキングのパターンが掲載されています。

トラブルシューティング

さて、ここまで準備をしても、当日何があるかわからないのがグループディスカッションです。ここに「よくあるトラブルとその対策」をまとめておきましたので、あらかじめ目を通して覚悟していきましょう。

□トラブル１　意見に固執する人がいる

明らかに根拠がないにもかかわらず「絶対これがいいって！」と押し付ける人がいます。俗に「クラッシャー」と呼ばれる方です。こういう人がいたら説得するよりも、その意見を取り入れたうえで優れた案を骨子《こっし》にする「折衷《せっちゅう》案」を出しましょう。

対等な立場の学生同士だと、何とか説得しようと四苦八苦してしまいます。しかし入社後はその「クラッシャー」が上司かもしれないのです。そういったときに上司の意見を否定せず取り入れながら、しれっと自分のやりたい意見も通すスキルは高く評価されます。

□トラブル2　誰も口火を切らず沈黙が続く

せっかく議論をする時間があるにもかかわらず、沈黙が続くトラブルはグループディスカッションの初心者が集まってしまったとき頻出します。「沈黙すれば全員落ちる、せめて話せば通過する可能性は生まれる」と腹をくくり、あなたが口火を切りましょう。間違っても「意見がないようなので多数決で……」とは誘導しないように。**多数決は論理性なく「なあなあ」で意見を通す方法ですから、グループディスカッションでは禁忌**とされています。

□トラブル3　時間が間に合わず議論がまとまらない

優秀な議論が集うからこそ、どの案を選ぶべきかでもめるケースです。案が出た段階で「これはもめそうだ」と思ったら、Sufficiency（十分性）の試算役と、プレゼンの準備をする役にチームを分けましょう。万が一間に合わなくても発表で、**「間に合いませんでしたがここまで推敲《すいこう》しました」と言えれば通過率はアップ**しますので、最後まであきらめないように。

□トラブル4　自分の意見を押し付けてしまう

自分だけグループディスカッション慣れしており、周囲が初心者だったときに多いトラブルです。基本的な議論をしているためイライラして、自分の意見を押し通したくなることもあるでしょう。

しかしグループディスカッションでは**「正しい意見」を押し**

通すよりも、協調的にグループワークができるほうが高評価となります。したがって無理に議論のスピードを速めず、どうやったらチームで最高の成果を出せるか考えてみてください。

03

オンライン・グループディスカッションの勝ち方

オンラインで変わるグループディスカッション

就活がオンライン化したことで、最も変化したのはグループディスカッションです。対面のグループディスカッションでは、同時に数名の人が話せます。また、それぞれが異なる作業をしていても、何が起きているか見渡すことが可能です。

しかし、オンラインでは(1) 1度に1人しか話せない　(2) お互いに何をしているかが見えづらいデメリットがあります。そこで、オンライン専用の対策が必要となってしまうのです。ここでは、「オンライン選考初代」といえる2022卒から得た知見をもとに、オンライン特化型の対策をお伝えします。

強み別・グループワーク必勝法

・自分の意見を説明するのが得意な「パイオニア型」
・課題をまとめ、次へ進められる「リーダー型」

この2グループは、オンラインで口火を切ってください。オンラインでは特に「誰が話し始めるか」の遠慮合戦が起こり、沈黙が発生しやすくなります。

最初に「では、まず議題を具体的な数値目標に落とし込んで、次の○分でアイディアを出し、次の○分で絞り込みましょう」と進め方の合意を取り付けます。会議ツールのチャット機能でおおまかな流れを入力し、共有すると可視化されてなおよいでしょう。

誰かの通信状況が悪くなるトラブルは、もはやオンライン・グループディスカッションに付き物。慌てず「では、○○さんは音声が復帰するまで、チャットで筆談してください」など誘導できれば、さらにリーダーとしての適性を評価されやすくなります。

・複数の意見を合わせ最適案を出せる「バランサー型」
・字がきれいな「書記型」

意見が食い違ったとき、オンラインでは状況の共有すら難しくなります。画面共有や共有URLの送付が許されている場合は、Googleドキュメントなどに争点を書き出して共有し、何でもめているか可視化しましょう。

また、双方の意見を合わせた「折衷案」が作れないかも、議事録を画面共有で見せながら残していくとよいでしょう。通信トラブルが起きたメンバーには、ここでGoogleドキュメントへの筆談を促すこともできます。的確で早いタイピングが求められますので、PCやタブレットを使い慣れていない方は、打鍵の練習をしておいてください。

・時間を気にしつつ作業ができる「タイムキーパー型」

オンラインのグループディスカッションでは、対面と比べて誰もが時間を気にしがちです。したがって、タイムキーパーが活躍できるシーンが減ってしまいます。もともと、主な役割として認識されづらく、選考通過率も下がりうるタイムキーパーの業務。ここでは思い切って、他の役割を担うほうが良さそうです。

・発表でスラスラ話せる「プレゼンター型」

オンラインのプレゼンには、Google スライドや Microsoft PowerPoint を活用できるチャンス。1日以上の課題解決型インターンなどでは、メンバーへいつでも見られる共有 URL だけ渡しつつ「みんなの話を聞きながら準備するね」と宣言し、作業を開始するのがよいでしょう。数十分～1時間しか猶予がないグループディスカッションでは、資料を作り込むことはあきらめてプレゼンで何を伝えるか、全員が見ているドキュメントやチャットへ、要旨だけまとめて共有する方が賢い戦略です。

プレゼンでは、対面でのプレゼンよりも「今から何を話すのか」「ここまで何を話したのか」を要所で挟みながら話すことで、音声のみの相手にもわかりやすく情報伝達できます。

たとえば、

「結論として、私たちのチームは○○を提案します。私たちはまず、課題を数値に落とし込みました。そして課題を○○に設定しました。次に、出したアイディアはAとBでした。A案は……」といったように、自分がいま何を話しているかを、都度お伝えすること。これが、オンライン会議でのコツです。

・とっさの質問に答えられる「トラブルシューター型」

オンラインのグループディスカッションでは、対話に手間取り、時間が対面より押しがちです。したがって、プレゼンや質疑応答の準備までする時間が取れないケースの方が多くなります。

したがって、オンラインでは質疑応答の対応以外で価値を出しましょう。ディスカッション中に起きる疑問（例：私たちが提案する新規アイディアって、過去に現実で採用されてない？）をとっさに調べたり、議題が迷走したときに戻したり。臨機応変さがもともとの強みですから、その強みを生かして手綱を握りましょう。

グループワーク・困ったときの対処法

ここからは、グループワークでよくある「困った！」に対応する方法をお伝えします。

□トラブル1　無理筋な議論を押し通す人が出てきた

突拍子もないアイディアに固執する、相手の議論を声で制止するなど……。議論を壊す人、英訳して「クラッシャー」と呼ばれる人が出ることはままあります。対面ならまだ、やんわりと止められます。しかし、オンラインでは「黙らない人」が暴力的に場を支配できてしまいます。

そういう人には「その方向でも考えたいから、根拠となるデータを○分までに集めてほしい。複数案があったほうが望ましいから、別の案を○○さんと、△△さんは書き出してもらえますか」と、役割分担をしましょう。

そうすることで、クラッシャーとなっている人も自分の意見を否定されたとは感じずに作業を進められますし、他の案も並列して出すことができます。

□トラブル2　通信状況が悪く途中で参加できなくなった

人の通信トラブルならまだしも、自分の通信回線が悪くなると、パニックに陥りますよね。まずは深呼吸をして「こういうときもある、大丈夫、大丈夫」と念じてください。

落ち着いたら、チャット機能に「通信回線が悪いので、再接続します」と残し、退室します。そして、アプリを閉じてから再度URLへアクセスしてみましょう。それでも調子が悪い場合は、デバイス（スマホ、PC、タブレットなど）を再起動して、接続を試みます。

再起動しても接続がうまくいかない場合は、人事部など連絡先へ「通信トラブルで途中参加が難しくなってしまいました。私の都合によりご迷惑をおかけし、誠に申し訳ございません。貴社は第一志望であり、キャンセル枠がもしあれば、別日程でも参加させていただけないでしょうか」とダメ元のメールを送りましょう。送らなければ落ちますが、送れば通るかもしれません。そのチャンスに賭けてください。

メールの送り方については、P.179のOBOG訪問に関する項目で記載したメール文例も参考にしてみてください。

□トラブル3　画面共有を禁止された

一部の選考では、オンラインのグループワークでも画面共有が禁止されています。画面共有に慣れていると、禁止されただけで呆然としてしまう方がいます。しかし、これは「電話会議なのだ」と脳を切り替えましょう。これまでアプリのコール機能で友達と話したことはありますよね？　そのとき、対面よりも詳しく状況を説明しませんか？

それと同じように、「今、誰が何をしているのか。そして、これから何をすればいいのか」全体図を言葉にして何度も共有しましょう。なお、私はオンライン会議の際に、以下のような表記をチャットで入れることがあります。

＜今日の流れ＞
10：00-10：10　議題を数字に落とし込む
10：10-10：20　アイディア出し　←いまここ！
10：20-10：30　アイディアを絞り込む
10：30-10：40　プレゼン準備

ステップが進むたび「←いまここ！」の位置をずらして再投稿します。全員が何をしているか、俯瞰できるようにした工夫です。たとえ画面共有ができなくても、チームがバラバラにならないよう工夫を凝らして、選考を突破していきましょう。

04 インターンシップ

インターンシップの種類

インターンシップ（以下、インターン）とは、企業が一定期間学生を働かせて、実際の勤務態度から採用を決める選考です。しかし実施する企業によって「実質的な最終選考」から「会社見学的な側面が強いもの」と、全く重要度が異なります。そこで、ここではまずインターンの種類をおおまかにご紹介します。

1．最終選考型

外資系企業に多いインターンの形式です。1週間近くにわたる比較的長期のインターンを実施し、学生の働きぶりを観察します。長期間のインターンではどんなに繕ってもボロが出るため、企業は「それまで面接でうまくやりおおせてきたが、本来は不向きな学生」を選別します。

□ 対策：

このタイプのインターンでは実務に近い課題が用意され、時には徹夜もいとわず課題を解くグループもあります。外資系企業に限らず「エントリーシート→面接→面接→インターン」と選考の後期にインターンが設定されていたら、実質的な最終選考だと考えて気を抜かずに挑みましょう。

2. 会社見学型

応募者を増やしたい企業が、インターンという形式で会社見学を実施するものです。インターンと銘打ってはいるものの、実際には懇親会や工場見学など受け身型の学習が多いのが特徴です。

期間も半日〜1日と短いうえ、複数候補日程が組まれることがほとんど。そのため最も参加しやすいインターンである反面、学ぶところは少ないかもしれません。

□ 対策：

インターンへ参加すると本選考で優遇されるなど利益はあるため、志望する企業のインターンは必ず参加すべきです。質疑応答で鋭い質問をすれば選考が有利になる可能性もゼロではありません。P.86の「企業分析は自宅で始めよう」を読んで事前に会社のことをよく調べておきましょう。

また、このタイプのインターンは気軽に参加できることから倍率が高くなっています。インターンへ応募するESも手を抜かず、本選考の志望動機を書くつもりでしっかり推敲してください。

3. リクルーター型

Chapter 04でも説明した、リクルーターを付けて学生を選別するためのインターンです。野村證券の一部職種など、投資銀行が好むスタイルとなっています。リクルーター型のインターンは応募時点で学歴フィルターをかけられていることが多く、高学歴専用のインターンと言っても過言ではありません。

日数は1日などと短いため、2. 会社見学型 と区別がつきづらいのですが、高学歴の友人ばかり参加していたら疑ってみましょう。

□ 対策：

基本的には2. 会社見学型の対策と同じく、志望動機をしっかり作り込めば問題ありません。できれば事前にOBOG訪問をしておき、データだけでなく実体験にも紐づけた志望動機を作りましょう。

4. 優秀者ヘッドハント型

こっそり優秀者の早期選考を行う目的で学生を集めるインターンです。大手企業は業界ごとに抜け駆けを阻止するため「この日から選考を開始する」と定めていることが多く、選考が公にはできません（年度によります)。また、総合商社などは各社人事が協調し「抜け駆けして学生へ内定を出さないよう」けん制しています。しかしそれでも優秀な学生は欲しい、というジレンマにかられた企業がインターンという名目で学生を集めつつ、実際には内定までこっそり出しているのです。

□ 対策：

運がよければ大学3年・修士1年の夏に内定をもらえますが、ヘッドハントされるのはごく一部の優秀な学生だけです。あまり期待せず、対策だけは「2. 会社見学型」同様万全にしていきましょう。

5．アルバイト型

インターンというよりは実質的な労働力として雇い入れるパターンです。ベンチャー企業に多く、インターンの期間は半年以上と長期雇用になります。

□ 対策：

ベンチャー企業では即戦力になる学生が欲しいため、学生のうちから社内で育成し「即戦力」となった段階で内定を出すことがあります。無給で労働力だけ搾取する悪い企業もあるため、選考よりもアルバイトという意識で時給も気にしつつ参加するとよいでしょう。

インターンで出される課題は、グループディスカッションで課される課題の難易度を上げたものが大半です。議論の進め方などはグループディスカッションと同じですから、追加で対策をするよりもグループディスカッションに何度も参加することで慣れておきましょう。

就活イベントでグループディスカッションの練習会はよく開催されています。自分の住んでいる地域のそばで開催されているものがあればぜひ参加してみてください。

もし数が少なければ、友人数名とグループディスカッションの練習をしてお互いにフィードバックをし合ってください。他人から意見をもらえるだけでも、グループディスカッションのスキルは大幅に向上します。恥ずかしさに負けず練習することで、本番で選考通過を勝ち取りましょう。

インターンで犯しがちなミス3つ

ここでは素の自分が見られやすい中長期のインターンで犯しやすいミスと、その対処法をお伝えします。特に1. 最終選考型のインターンでこのミスを繰り返すと、最後までズルズル選考へ時間を割いたあげく、落とされるという悲しい経験を繰り返してしまうためご注意ください。

1. 社員へ無礼な態度を取ってしまう

インターンでは課題へ取り組む時間以外にも、若手社員と交流する機会や夕食会まで用意されていることがあります。課題へ取り組んだ疲れもあって、この時間に社員へ無礼な態度を取ってしまい馬脚を露わす例が後を絶ちません。

具体的には下記のような行動がよく報告されています。特にアルバイト経験の少ない学生は、知らず知らずのうちに社会で無礼とされるふるまいをしていないか注意してみましょう。

□インターンで学生がやりがちなマナー違反例：

・挨拶をしない
・2日目以降にバックれる
・タメ口で話してしまう
・夕食の待ち合わせへ遅刻する
・2日目に同じシャツを着てくる、シャワーを浴びていない、ヒゲを剃っていないなど不潔な面を見せる
・他社を「第一志望」と語る
・「本当に育休2年取れますか？」「給料いくらですか？」な

ど待遇面についてばかり質問をしてくる
・将来転職する予定なのですが……と本音を漏らしてしまう
・選考内容をSNSや掲示板へ投稿する
・オフィスで靴を脱いで裸足になる

インターンは「課題にさえ取り組めばいい」ものではなく、社外での態度も査定の対象となっています。解散して社員の姿が見えなくなるまでは気を抜かずに取り組みましょう。

2. イライラを隠せない

インターンでは思い通りに課題が進まないこともままあります。ただでさえストレスが溜まる場面ですが、複数チームに分かれて競い合うような形式だとさらにイライラが募ることでしょう。

会社員になってからも似たような状況は多々あります。そういった場面でもやる気を維持できるかは、大事な評価基準となっています。企業によっては「1日目にあえて厳しい指導を行い、2日目でなおやる気を失わずにいられるか確認する」とあえてストレスフルな場面を用意して査定していることも。

そこでイライラを隠せなければ、「うまくいっているときしか動けない人だ」ととらえられてしまいます。そして企画がとん挫したときや取引先から理不尽な注文を受けたときでも耐えられるか、不安視されてしまうのです。

ですから突発的にイライラしても、リラックスするすべを身につけておきましょう。個人的な対処法ですが、いくつか例を掲載しますので参考になれば幸いです。

□ ロシアの軍隊格闘術で採用されている呼吸法「システマ」。鼻から息を吸い、口を軽くすぼめて息を吐く。ストレス負荷が高いときは、スピードを上げて小刻みにこの呼吸を繰り返す。

□ 目をつぶり、自分が大きな湖の水面でボートに寝転がっているところを想像する。ボートの上で風がそよそよ吹いて気持ちいいところを想像することでリラックスする。

□ 軽く寝る。睡眠不足は一番のストレス源となるため、トイレで 10 分ほど眠る。眠る前にカフェインを摂取しておくと、目覚めがよくなる。

3．頭脳の持久力を失う

課題があるワークでは頭脳を使い続けるため、プツッと脳のスイッチが切れてしまうときがあります。そうなると一気にやる気が失われるため、仕事の質が下がってしまいます。実際にそれを観察している採用担当からも、こんな声が聞かれました。

「それまで『○○だと思いますがいかがでしょうか？』と自分の意見を持って質問できていた学生が、疲れて『どうすればいいですか？』と指示を丸ごと依頼してくるようになった。急にやる気がしぼんだように感じられた」

「冒頭でよく話していた学生が、急に黙りこくるようになった。彼はそのまま後半で特に価値を発揮せず選考を終えてしまった。残念ながら落とさざるを得なかった」

このような悲劇を防ぐためにも、休憩を適宜取るようにしましょう。また、自分なりに持久力を上げる準備をしていきましょう。具体的には下記のような方法が挙げられます。

・定期的にストレッチをしてだるさを解消する
・飴をなめて糖分を補給する
・会場のそばに宿を取って６時間以上の睡眠を確保
・課題の合間に脳を使わない作業を入れて頭を休める
・ベルトの穴を１つ緩めてリラックスする
・夕食会でお酒を１杯だけにして二日酔いを防ぐ

実際に勤めている会社員も、年がら年中集中しているわけではありませんから安心してください。最終プレゼンや案のチェックなど、**大事なときに集中できるよう気を抜けるところでは抜いて構いません。**インターンでは適度な休憩を自発的に挟むことで、上手に持久力を維持しましょう。

Chapter 05 —— まとめ

- 企業はグループワークを通じ、実際に働いているあなたの姿を見たい。自分が会社でどんな価値を発揮できる人間か考えながら行動しよう。

- 引っ込み思案でも、グループワークは攻略可能。議論のまとめ役など発揮できる強みを見つけて選考を突破しよう。

Chapter 06

フェーズごとの対策で
内定を摑み取る

面接

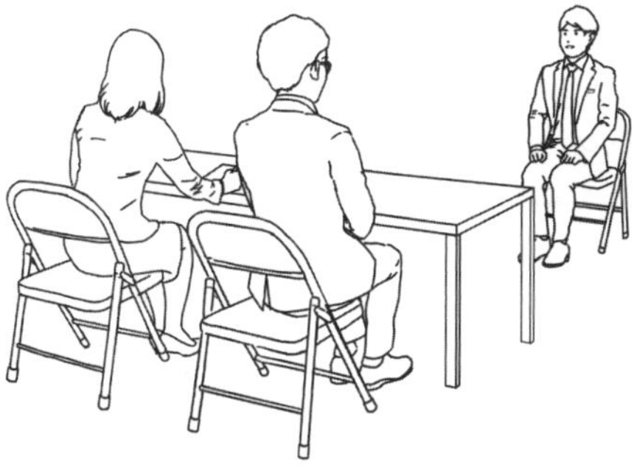

01

読むだけで変わる面接対策

基本的な面接の流れとは

ここまで実践してきたあなたであれば、試行錯誤こそすれど、すぐに面接への切符が手に入ることでしょう。ここではまず、面接での立ち居振る舞いなど「基本の流れ」を押さえておきましょう。

□ 面接時の服装

オンライン、対面を問わず基本的にはスーツです。しかし先方から「必ず平服で」といった指示がある場合はその指示に従ってください。アパレル業界では特に、あなたの服のセンスを見るため、私服での面接を命じることがあります。

□ 会場へいつ入るか

余裕を持って、面接時間の5〜10分前には到着しましょう。方向音痴な方は、30分前に到着しておき近くのカフェなどで最後のイメージトレーニングをしておくとよいでしょう。また、お手洗いは事前に済ませておきましょう。

早すぎる到着も相手の迷惑となりますので、少し前になってから会場入りしてください。オンラインでも同様です。

□ 遅刻しそうになったら

遅刻は厳禁です……が、やむを得ないこともあります。できれば人事部へ電話して、何が理由で遅れてしまうのかを伝えましょう。電話番号がわからないときは直接出向き、会社の受付で遅刻の謝罪をしながら、何とか機会をいただけないかお願いをしましょう。お願いするだけならタダですから、最後の望みは捨てず、粘ってください。

□ 受付へ丁寧な態度で接する

ちなみに、受付の方へ失礼な態度を取れば人事部に伝わりますので、**受付から面接である**ということを肝に銘じてください。「本日○時○分より面接予定の、○○大学・角川太郎と申します」と名乗り、案内を待ちましょう。

□ 控え室で静かに着席して待つ

大人数が面接を受ける場合や、学生が早めに到着したり、前の面接が長引いていたりすると待合室や控え室へ通されます。緊張する待ち時間ですが、着席して静かに待ちましょう。

最後に資料を見ておくチャンスだと思い、自分のESなどをゆっくり読み返しておきましょう。

□ 入室

呼ばれたら、控え室から面接会場へ移動します。入室時は軽くノックして「どうぞ」と言われてから入ります。

ノックの回数は慣習上3回とされていますが、この回数を間違えたくらいで落とされた話は聞いたことがありませんので、ミスを犯しても真っ白にならないように。

入室したらドアへ一度向き合い、丁寧にドアを閉めます。後ろ手でドアを閉めないように注意してください。

図13　入室の様子

ノックは基本3回
面接会場
「どうぞ」と声をかけられてから入室

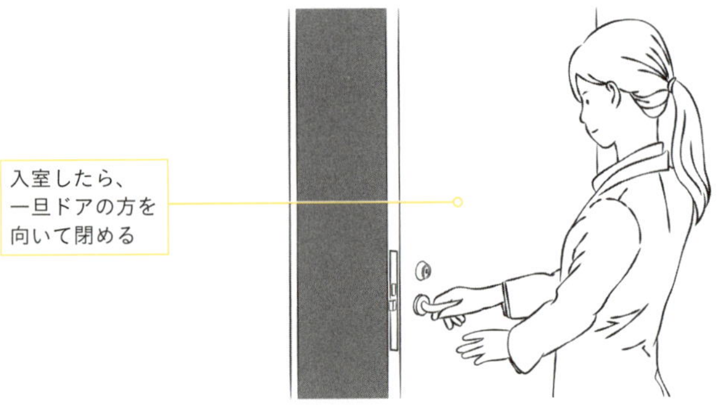
入室したら、一旦ドアの方を向いて閉める

□ 面接官を待つ

まだ面接官が到着していない場合は、下座で待ちます。下座とは「入口から近い席」です。ただし席を指定された場合は、無理に下座を選ぶことはありません。

□ 採用担当へ挨拶する

採用担当者が来たら立ち上がり、「本日はよろしくお願いいたします」と挨拶ののち、一礼します。もともと立っていた場合は、そのまま一礼すればOKです。オンラインでは、座ったまま礼をします。

図14　面接開始時のマナー

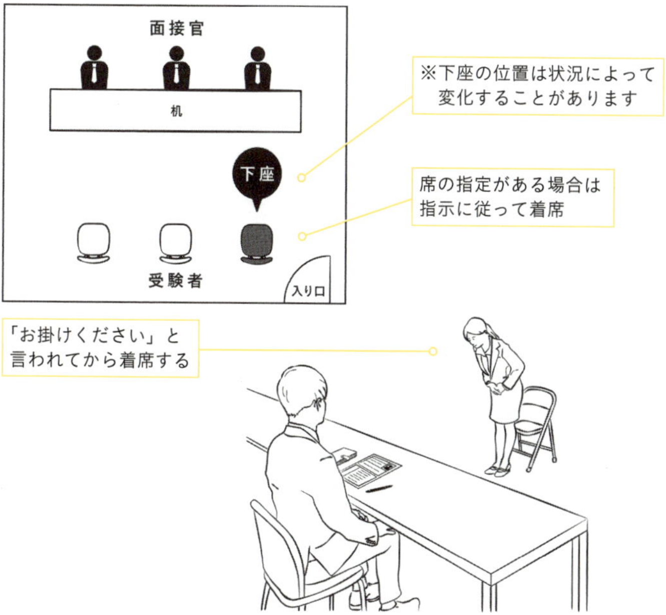

面接官
机
下座
受験者
入り口
※下座の位置は状況によって変化することがあります
席の指定がある場合は指示に従って着席
「お掛けください」と言われてから着席する

□ 椅子に座る

挨拶が済んだら、バッグを椅子の横に置きます。傘などがある場合は、椅子へひっかけず床に寝かせて置きましょう。途中でバタンと落ちてうるさくなる恐れがあるからです。

そして背筋を伸ばし、座りましょう（あごの引き方はP.149もご覧ください）。手は軽く握り、膝の上へ乗せます。背もたれに腰掛けず浅く座ることで足が地へ着くようにします。男性は脚を肩幅に開きます。女性は足を閉じて座ります。

背筋を伸ばすポイントは「胸から上をピンと伸ばす」のではなく「腰から上をぐいっと上へ引き上げる」よう意識すること。腰から背中の部分を上へ引き上げると、上半身が自然と姿勢よく伸びます。

姿勢は面接時だけ気を付けてもついダラっとしてしまうものです。猫背の自覚がある方は、普段から気を付けてみてください。

図15　荷物の置き方

図16　座り方・姿勢のポイント

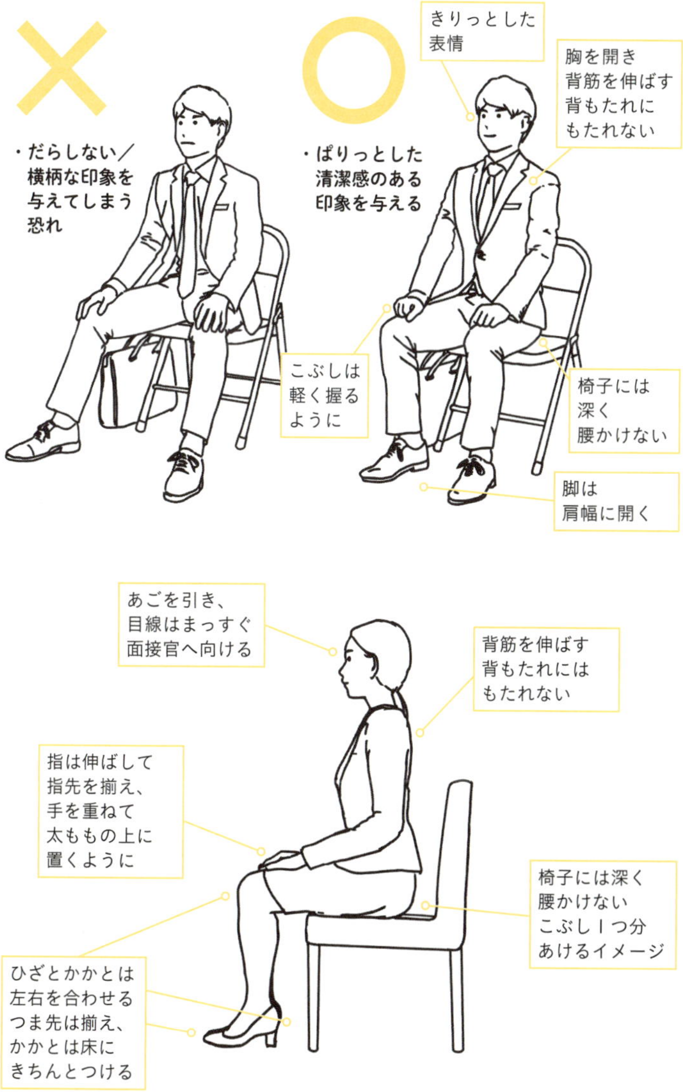
×
・だらしない／横柄な印象を与えてしまう恐れ
○
・ぱりっとした清潔感のある印象を与える
きりっとした表情
胸を開き
背筋を伸ばす
背もたれにもたれない
こぶしは軽く握るように
椅子には深く腰かけない
脚は肩幅に開く
あごを引き、
目線はまっすぐ
面接官へ向ける
背筋を伸ばす
背もたれにはもたれない
指は伸ばして
指先を揃え、
手を重ねて
太ももの上に
置くように
椅子には深く
腰かけない
こぶし1つ分
あけるイメージ
ひざとかかとは
左右を合わせる
つま先は揃え、
かかとは床に
きちんとつける

□ 退室する

面接が終わったら、椅子の横に立ち「ありがとうございました」とお礼を伝えましょう。その後荷物を持ちます。ドアを開く前に面接官へ向かって一礼し、退室します。ドアはバタンと大きな音がしないよう、ゆっくり閉めましょう。オンラインの場合は、退出ボタン等で会場から出ます。

□ 見送られる

面接官がエレベーターまで見送ってくれることがあります。その際はエレベーターへ即座に入って出口階のボタンを押し、「閉」ボタンを押してから頭を下げます。**扉が閉じ切るまで頭を下げ続けるのが社会人のマナー**です。

図17　面接終了後のマナー

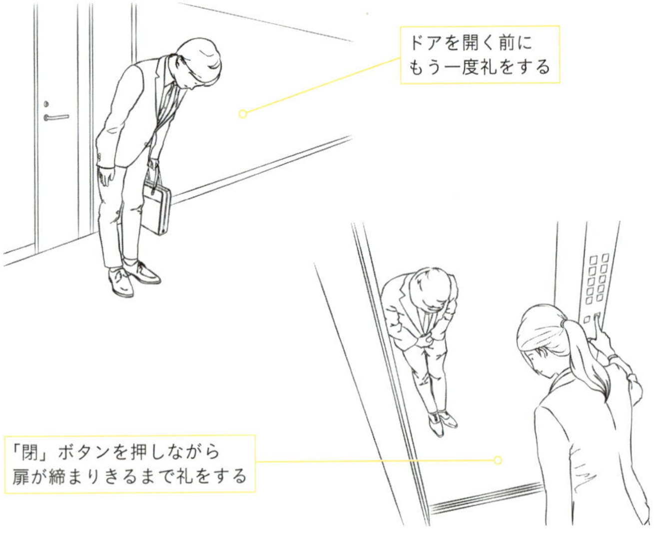
ドアを開く前に
もう一度礼をする
「閉」ボタンを押しながら
扉が締まりきるまで礼をする

02

面接のフェーズ別対策

面接はフェーズによって対策が異なる

ひとくくりに「面接」として語られる就活の終盤戦ですが、**1次面接から最終面接までの各フェーズによって、取るべき対策は大きく変化します。**個別企業の面接対策へ進む前に、まずは面接の全体感を摑んでみましょう。

面接は何回実施されるもの？

面接の実施回数は企業によって大きく異なります。たとえば外資系企業の一部ではWebテストでほとんどの学生を落とすため、1次面接で50名以下へ絞り、そこから2回以下の面接で内定へたどり着けます。

一方、「8次面接」などという単語も聞かれるほど**メガバンク（＝大手銀行）やテレビ局では面接回数が多い**のが特徴です。また、最終面接が終わったあとに「もう一度だけ」と追加で面接の声がかかることも珍しくありません。

全体的な傾向として言えるのは、**面接回数が多い会社ほど、個人の裁量権が小さいという点でしょう。**

面接回数が少なければ、その分面接官である一社員の責任も重くなります。下手に人材像とマッチしない学生を採用してしまった場合、面接回数が少ない企業であれば「あいつが採った新卒はちょっと……」とウワサになりますし、逆にエース級の学生を採れば称賛されるわけです。このように、採用で各面接官へ課せられる責任の重さからも、入社後の裁量権は推し量ることができます。

ただし、裁量権が大きい企業がよいとも限りません。逆に面接回数が多い企業では、たとえ自分が下手な学生を次の面接へ通過させてしまっても、次の面接でふるい落としてくれます。

つまり、**面接回数が多い会社では入社後にちょっとミスをしても大きなトラブルを防ぐ仕組みが整っている**のです。

就活生から見ると、面接で何度も拘束されるのは面倒でしかありませんが「この会社なら慎重に物事を進められそうだ」とポジティブに解釈してみるのもありでしょう。

では、**面接のフェーズ別**に、就活生が求められていることとは、一体何でしょうか。1つずつ見ていきましょう。

面接のフェーズ別、企業があなたへ求めること

フェーズ1. 1次面接

□ 選考の目的：

1次はふるい落としが目的です。明らかに自社に不適合と思われる学生は容赦なく落とされます。逆に言えば、基本的な部分さえしっかりとできていれば、志望動機が多少あやふやでも通過してしまうこともあります。

□ 面接官が見ていること：

髪色、笑顔、態度、臭いの有無、スーツを正しく着用しているかなど**「社会常識」への理解**や、会話のテンポから察せられる**頭の回転速度や理解能力**など、基本的な部分を見られます。

コロナ禍では、マスクが鼻出し、アゴ出しになっていないかも要注意。

□ 面接官が恐れていること：

どう考えても自社にいそうにない学生を次の面接へ通過させてしまい、人事部や上司から咎められること。

□ ここで落ちる学生の特徴：

笑顔がない、ボソボソ話しすぎて声が面接官まで聞こえない、スーツがシワシワ、臭いなど清潔感に問題がある、敬語が使えずタメ口で話している、おっとり話しすぎて頭が悪いと誤解される、先方が抱いている人材像と真逆の自己PRをする。

□ 対策：

志望動機などはESと同じことを話せればよいので、笑顔でハキハキ話すなど「態度」の向上に力を入れること。自分の面接態度を録画して見直し、おかしな点がないか振り返りましょう。また、**必ず模擬面接イベントなどに参加して、第三者目線でのフィードバックをもらい、反映させる**ようにしましょう。

悪い例①：

面接官「志望動機を教えてください」

学生「はい！　私の強みは〇〇です！　これまでに部活動で全国大会出場へ貢献しました　！　私は高校のときよりバスケ部に～」

面接官（緊張のあまり質問に答えられていない……ダメだな）

悪い例②：

面接官「学生時代に頑張ったことは何ですか」

学生「あっはぃ……。僕が、その、アルバイトで、喫茶店なんですけど、そこでクレーマーのぉ、お客様がぃまして……。それで、どう対策するかってぃう話で……でも、クレーマーもお客様だと思って……ちゃんと対処しなきゃって」

面接官（言ってることはよさそうなんだけど、声が小さいのとタメ口が混ざってて、いまいち何を言いたいかわからないな……）

いい例：

面接官「学生時代に頑張ったことは何ですか」

学生「アルバイト先の売上を10％伸ばしたことです。私はカフェでアルバイトをしています。しかし目の前に競合チェーン店ができてしまい、売上が低迷してしまいました。そこで既存のお客様をよく観察したところ、50代以上の男性が多いことに気づきました。それを踏まえて該当するお客様がもっと増えるよう、各社のスポーツ新聞を置き、老眼鏡を設置しました。その結果50代以上の男性客が増え、売上が10％伸びました」

面接官（結論が冒頭に来ていてわかりやすいし、エピソードもハキハキ話してくれたからわかりやすかったな）

フェーズ2．2次面接～最終一歩手前の面接

□選考の目的：

1次面接で通過した学生を、会社の中核を担うキーパーソンに見せたうえ、採用の承認を取るフェーズです。その企業にキーパーソンが多ければ多いほど、面接回数が増える傾向があります。

□面接官が見ていること：

1次面接で基本的な事項をクリアしている人物が来るので、2次面接では、人事が準備した人材像の評価チェック項目と合致していることが重要です。素直さや従順さといった「会社で平社員として耐えられる」適性を持っているかや、志望動機が表層的でなく、実体験に基づいていそうかなどを見られます。

□面接官が恐れていること：

「こんな学生を採ってよいなどと言った覚えはない」と会社の

キーパーソンから怒られること。

□ ここで落ちる学生の特徴：

・志望動機がES、言葉ともに実体験を伴わず、「世界経済はこれから○○のように推移していくと思われ、そこで日本が勝ち抜くためには貴社で貢献したいと考えた」など、具体性のないビッグ・ワードで彩られていた。
・受けている会社の製品・サービスへの勉強不足が露呈して志望度の低さを見破られた、自分の過ちを認めないなど素直さ不足が見られた。
・チームワーク経験を語る際に独りよがりな自分を見せてしまい、会社で平社員として耐える姿勢に疑問を抱かれた。

□ 対策：

1次面接は基本的な部分を押さえていれば通過しますが、2次面接は表層的な部分だけでは通用しません。企業研究をIR情報や転職口コミサイト、OBOG訪問などからまんべんなく行いましょう。その企業の製品が世に出ている場合は実際に見に行き、競合などと比較して、会社ごとの強みを説明できるようにします。

また、志望動機に個人的な経験を織り交ぜ、説得力を持たせたり、チームワーク経験で人の意見を肯定しつつやりたいことも叶えた協調性あるエピソードを準備したりすることが肝要です。

悪い例①：

面接官「志望動機を教えてください」

学生「コンサルタントとして活躍したいからです。私はコンサルタントとして、戦略立案をしたいと考えています。コンサルタントに必要な技能は論理的思考と専門性だととらえています。貴社は研修が充実しており早期育成ができると考え志望しました」

面接官（私が知りたいのは、なぜコンサルタントになりたいかという根幹の個人的な体験だったのにコンサルとは何かを語られてしまった。やりたいことも戦略立案と、ビッグ・ワードだ。きっと志望動機があいまいなのだろう）

悪い例②：

面接官「どんな軸で就活をされていますか」

学生「はい、私はものづくりに喜びを感じるため、ものづくりに関わる仕事をしたいと考えています。そのため貴社はもちろんのこと、メーカーを中心に受けています。中でも貴社はものづくりへのこだわりをOBOG訪問で聞き、ぜひ受けたいと考えました」

面接官（ものづくりって、メーカー全部当てはまるぞ。この子はウチである必然性なんてないんだろうな……）

いい例①：

面接官「志望動機を教えてください」

学生「貴社へ恩返しをしたいからです。私は○○地震のとき都心部で被災しました。その際、近隣店舗から食料品が消えあわや栄養失調になるところでした。しかし貴社が早期に鉄道運行を再開してくださったおかげで遠方の実家へ帰省でき、難を逃れることができました。それから貴社への恩返しとして身を粉にして働きながら、同様の事態が起きてもインフラ面から人命に貢献したいと考え志望します」

面接官（個人的な経験を踏まえ、説得力のあるエピソードだ）

いい例②：

面接官「どんな軸で就活をされていますか」

学生「本格的な音楽を楽しめる環境作りを行う企業を受けています。私は人がどう音を知覚するかを研究し、学部生ですが学会発表もいたしました。その際に、重要なのは反響をどう体感させるかだと知りました。そこで高品質な反響を計算に入れたスピーカーを作っている企業を中心に受けており、中でも貴社は○○をはじめスピーカーの反響板の精度に感銘を受け第一志望としています」

面接官（文系学生でありながら技術への知識もある。熱意も過去の経験から本物だとわかる。これならいい営業としてわが社で活躍してくれそうだ）

フェーズ3．最終面接

□ 選考の目的：

自社で長く成果を出せそうな学生か、役員を含めて最終確認を行うフェーズです。

□ 面接官が見ていること：

長く働けそうな志望動機を持っているかや、会社の汚い面・失望する面を見てもなお耐えられそうか。万が一採用して使えない学生だったとしても、自分の企業で引き取る覚悟を重役が持てるかどうかなどを見られます。

□ 面接官が恐れていること：

理想化されすぎた自社像によって、入社後に裏切られたと感じた学生が（うつ病などで）精神的につぶれてしまうことや、あまりに実務で役立たず、会社利益に貢献しない学生を採ってしまうこと。

□ ここで落ちる学生の特徴：

・志望動機に本気度が足りず「希望部署以外へ配属されてもやっていけるか」といった質問に即答できない、受けている企業を第一志望だと断言できない。
・会社を理想化しすぎてしまっている。
・これまでの面接と異なるエピソードを話しすぎて一貫性に欠ける。
・役員が「この子ウチにいそう！」と思えなかった。

□ 対策：

基本的な事項ですが、どの会社でも「御社が第一志望です」と言い切ることが重要です。また、志望動機を「覚えて読み上げる」のではなく、実体験を織り交ぜた本音らしいトーンで語れるように何度もシミュレートしてください。

また、その企業のいい面だけでなく、悪い面についても転職口コミサイトで熟読したうえ、役員に「それでも働けます」と言えるだけの反論を用意しておきましょう。また、これは1次面接から最終面接まで同様ですが、OBOG訪問を通じて手に入れた典型的な社員の雰囲気やしぐさを模倣するのも有効です。

そしてESから大きく外れたことを話さず、一貫した内容を話すようにしてください。

悪い例①：

面接官「うちは新人のうちは割とハードワークだし、希望部署へ配属されないこともあるけれど耐えられますか」

学生「えっ？　……あ、はい。耐えることもできます」

面接官（こりゃあ、無理だな。この子は希望部署へ配属されなければ辞めてしまうだろう）

悪い例②：

面接官「弊社は第何志望ですか」

学生「はい、第二志望です。第一志望はA社ですが、面接で落ちてしまいました。そして今御社を受けております」

面接官（そこは嘘でもいいから第一志望と言ってほしかったな。何より他社さんで落とされた学生なら、能力にケチがついたのかもしれないから弊社でも慎重にならざるを得ないよ）

いい例：

面接官「他にどの会社を受けていますか」

学生「はい、B社を受けております。しかし貴社が第一志望であるため、もしここで内定をいただけるのであれば目の前で他社辞退のお電話をさせていただく覚悟です」

面接官（この子の志望度は高そうだ。内定を出しても蹴られる可能性は低いだろうな）

ここまでざっと読んでいただき、なんとなくゴール（最終面接→内定）までの全体像が摑めたでしょうか。次項からは、各フェーズで圧勝するための具体的な対策を見ていきましょう。

人は話し方が９割

いきなりですが、「就活はコミュニケーション強者のもの」だと思っている人はいないでしょうか？　日常生活で会話をしていても、親しみやすい人・とっつきにくい人はいるものです。そして「親しみやすい人が圧勝するのが就活だ」と、どこかで思っていないでしょうか。

私の前職に、人の心を打つ語りの名人がいました。

明快でわかりやすく話し、しかも心に残る。そんなプレゼン能力は、天が与えた才能に違いないと思っていました。

ところがお話のコツを本人に聞いたところ、**「自分は毎回必ずリハーサルをしている。たとえば10分プレゼンするなら、１時間は練習している」**と答えたのです。

このように、**仕事上のコミュニケーションは後天的に身につけられる「スキル」**なのです。

今「人と話すのが苦手だ」と思っている方にも、面接で圧勝するチャンスがあります。人は苦手なものほど真摯に振り返り、向上する意志を持ちやすいからです。つまり、冒頭の質問に立ち返れば、**「就活はスキルで攻略できるからこそ、コミュニ**

ケーション強者が圧勝するわけではない」ということになります。

これは落とし穴ですが、「コミュ力が高い」と自覚している人ほど面接対策をおろそかにしてしまい、思わぬところで面接官をいら立たせる恐れがあります。

そのため**「人と話すのが得意」「人と打ち解けやすい」と思っている人こそ、注意してこの章を読んでください。**

ここからは、実際に面接前から積めるトレーニングをご案内します。

トレーニング1．声の調整

面接をはじめとするプレゼンでは、何を話すかよりも「どう」話すかが重要です。具体的には、模擬面接の様子を自分で録音し、下記を確認します。

・声が大きすぎないか・小さすぎないか
・早口すぎないか・遅すぎないか
・スムーズに声が出ているか

自分の声を録音するのはとても恥ずかしいことですが、面接官の前でやらかして落とされるよりマシと思って、一度面接をシミュレートして、録音してみましょう。

録音はスマートフォンの場合、3ｍほど離して置きます。実際の面接官と同様の距離を置くことで、よりリアルな録音にするためです。
模擬面接をしてから録音した音声を再生して、自分が面接官だとしたら、その話しぶりをどう感じるかメモしていきましょう。

中でもプレゼン初心者には「声が小さすぎる」「早口すぎる」という課題が頻出します。**会議室などのだだっ広い部屋では、予想以上に面接官まで自分の声が届かない**のです。
話し方は工夫次第で誰でも改善しますので、渾身の自己PRを「声が聞こえない」などという理由で落とされてしまうことのないようにしましょう。
また、練習ではゆっくり話せても、本番では緊張した結果、速くなってしまう人が多いものです。練習ではあえて「遅すぎる」と感じるくらいにテンポを落として話しましょう。ゆっくり話せば「次に何を言おうかな」と考えながら話せるので、パニックを起こすことも少なくなります。

声が小さすぎる人は、地道ではありますが大声を出す練習をしましょう。私も新卒で就職した際、先輩方から「声が小さすぎる」と何度も言われ1人でカラオケに行き鍛えたことがあります。
お金に余裕がある方は、アナウンススクールやボイストレーニングに通うのも有効です。大音量で叫べる人にならなくてもよいので「大きく発声できる人」になりましょう。

話すスピードや声に悩んだら、NHKのアナウンサーの口調をマネしてみてください。実は普段私たちが友人同士で話しているスピードは、面接には少し速すぎて、ラジオのパーソナリティやDJのような、滑舌のよい人だけが許されるスピードなのです。

しかし、誰にでも伝わる速度を目指すなら、アナウンサーより「やや遅い」くらいでもちょうどよいでしょう。
「あまりに遅く話しすぎると、頭が悪そうに見えるんじゃないか」と不安を抱く気持ちはわかります。しかし頭が悪そうに見えるのは「文章と文章の間に沈黙が長い」ときだけで、話すテンポ自体が遅いのはむしろ「堂々とした、成熟した」印象を与えます。

□ 面接で話すテンポのいい例・悪い例：

いい例：
「私が、学生時代に頑張ったことは、○○です」
→　全体的にテンポを落としても、成熟した印象を与える

悪い例：
「えーっと……私が学生時代に頑張ったのは…………○○です」
→　文節の合間が長すぎて、頭の回転が遅い印象を与える

年上と話すことに慣れていない方は､OBOG訪問を通じて目上の方と会話する訓練を積みましょう。また、ある社会人の先輩は「模擬面接に行く時間がない場合、自宅の壁にしかめっ面をしたビジネスパーソンの写真を貼り、その人が面接官であるようなイメージで模擬面接する」ことも有用だと教えてくださいました。こういった自主トレも、もちろん有効です。

トレーニング2. 構成を考える

次に、**社会人と話すときのフォーマット**を身につけましょう。社会人との会話では、次の構成が最も好印象かつ、評価されます。

①まず、質問されたことに対する「端的な結論」だけを答える。
②その詳細を1分以内に答える。
③そのうえで、最初に述べた結論を詳しく話す。

たとえばあなたが面接で「挫折から立ち直った経験はありますか」と聞かれた際、このフォーマットを使ってどのように答えるでしょうか。具体例を紹介すると、次のようになります。

①質問されたことに対して端的に結論だけ答える。

はい、あります。大学3年生のとき、部活でライバル校に負けてしまった経験をバネにし、次の大会で準優勝した経験です。

②詳細を1分以内に答える。

私はサッカー部に所属していましたが、当時の私は、練習量が他の部員より多いという慢心からツメの甘いプレーが目立っていました。そんなとき、ライバル校に負けるという失敗をし、激しく後悔しました。しかしこのままではチームに申し訳ないと、パスなどの基礎練習をイチからやり直し、プレーの精度を上げることができました。

③最初に述べた結論を詳しく話す。

その結果、次の試合でチームを準優勝に導くことができました。また、自分の慢心を認めチームメイトへ謝罪したことで、よりチームの仲も深まりました。

このようなフォーマットで話せば、スムーズに面接が進みます。同じ質問でも「はい、挫折から立ち直った経験があります！」とだけ答えて追加の質問を何度もさせてしまったり、逆に長々と経過を話してダレさせてしまったりするのは悪印象です。

この話し方は面接のみならず、社会人になって上司からの質問に答える際や、プレゼンなどでも役に立ちます。

常に、「①端的な結論、②詳細、③詳しい結論」の構成を頭に入れておきましょう。

トレーニング3.
正しい座り方・話し方

「コミュニケーション能力がない」と思っている方に足りないものは、コミュ力ではなく「正しい姿勢」です。

人間は声を出しやすい、ハキハキ話しやすい姿勢が決まっているので、姿勢が悪いだけでボソボソした声になったり、目が床をさまよったりしがちです。

私も実はとてつもなく悪い姿勢の持ち主で、普段の原稿は片足を椅子に立てて書いています。足を組むのもクセになっていますし、人と目を合わせるのも苦手です。ここでは、そんな私でも面接を乗り切れた姿勢術をお伝えします。

□ 目を見なくてもよいので、鼻を3秒見つめる

まずは猫背でも構いませんので、**人の目を見て話す**クセを身につけましょう。これができているだけで、他の百難を隠すほどの効果があります。

しかし目を合わせるのが苦手な方は「目を見なきゃ」と思うだけで気が散って話ができなくなるでしょう。そこでオススメなのが**「面接官の鼻を見る」**ことです。大切なのは、面接官が「目を見られている」と感じることであって、実際に眼球へ視線をロックオンする必要はないのです。

つまり、目でなく、目の間の鼻に目線があれば、瞳を見つめなくてもよいということです。ただし鼻をずっと見つめていると不自然ですから、3秒見つめて、1秒離す。まずはこのリズムを、友達や家族相手に練習してみましょう。

□ 気持ち後ろへ肩を持っていく

姿勢の悪い方は座った状態でいると、肩が前へ向かっています。そのままだとP.241図16左側のように「やる気がなさそう」「疲れていそう」感が出るだけでなく、声を出しづらくなってしまいます。逆に肩を不自然なくらいに後ろへ配置するだけで「元気そう」感が出ます。

この姿勢がピンとこない方は、「胸を強調するつもり」になるとやる気のありそうな姿勢になります。男女問わず胸を強調するくらいの気持ちでぐっと肩を後ろへ下げてください。

□ 椅子に浅く腰掛ける

椅子へ深く腰掛けすぎると、足の裏が少し椅子から浮いてしまいます。そうすると姿勢を維持するのが難しくなるので、椅子へは浅めに腰掛けましょう（図16参照）。

インターンなど椅子の高さを調整することが可能な現場では、自分が浅く腰掛けてちょうどいいくらいの高さに変えてみましょう。

なお、椅子に浅く腰掛けるのは激務で眠くなっても「寝たら椅子から落ちる」姿勢を維持するために必要なスキルでもあります。これから激務と言われる業界へ進みたい方は、将来を見据えてこのクセをつけておくと何かと便利です。

トレーニング4.
就活グッズの手入れをする

ここまでで体の外見は整いました。ですが、せっかくの姿勢も、スーツやバッグがぐちゃぐちゃなら意味がありません。面接時はスーツにシワがないか、バッグがよれていないかチェックしてください。

遠距離の面接や、クリーニングできないほど短期間に面接が相次いだときなどは、図14のようにスーツの裾へ重しをつけた洗濯ばさみをぶら下げてからハンガーにかけて寝ると、シワが緩和されます。

また、**男女問わず気を付けたいのが靴磨き。**安いキットでも構わないので、こまめにケアしてください。靴が汚いという理由だけで落とす、という理不尽な会社はいまだに存在します。

バッグは必ずスタンドアローン（立てかけなくても立つタイプ）にしてください。バッグがバタバタ倒れるだけで嫌がられますし、必要書類が中で曲がってしまう恐れがあるからです。

図18　スーツのシワを緩和する方法

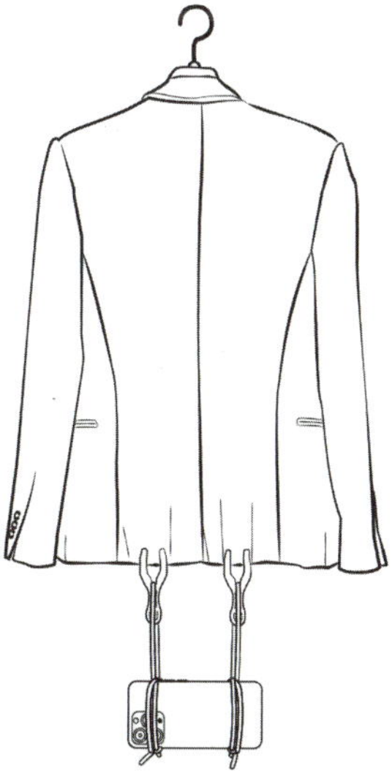

洗濯ばさみとスマホなどの軽い重り（100g程度）を活用してスーツのシワを緩和する

トレーニング5．筋肉やメイクで「自社にいそう」感を出す

ここまで、面接で外見をどう整えるべきかお伝えしてきました。「ここまでしなくても」と思った方もいるかと思いますが、残念ながら面接でどう見えるかは話している中身より重要です。

たとえば、とある外資系投資銀行に勤めている方は、内定の秘訣として、「体力がありそうなイカツイ恰好になれ。日サロに行って筋トレしろ」と言います。実際に業界で働いている人も、ムキムキマッチョだらけです。そうでもないと体力がもたないからでしょう。このように、**業界にいる人と同じ外見に整えるのも、対策の１つ**です。

極端な話、私が美容部員に内定したいなら整形するでしょう。この職種が顔も採用条件であるとわかっているからです。と言っても、美人でないから内定しないとか、イケメンだから内定するといった話ではありません。顔の造形より全体の雰囲気で**「うちの会社にいそうだな」と思わせることが大切**なのです。

華やかな顔の社員が多いならそういうメイクを、体力派の企業を受けるなら筋トレをすることも就活対策です。下手をすれば外見はどんな中身を話すかより重要と考え、面接対策をしてください。

落ちる学生にありがちな口ぐせ

次に、面接で落ちやすい口ぐせを理解しましょう。模擬面接を一度録音するとわかりますが、人は思いもよらぬところで変なことを口走るものです。一度自分の声を録音したら、以下のチェックリストに当てはまっていないかチェックしてみましょう。

1．タメ口の接続詞

就活生はよく「えっと」「でも」「うーん」といった、**タメ口でのひとりごと**を途中で入れてしまいます。それまで完璧な敬語を使えていたとしても、このひと言で台無しになってしまうのです。

話しながら間を埋める声を出しても構いません。ただし「ええ」「そうですね」「はい……」のように、敬語で言えるよう訓練しておきましょう。

2．不十分な敬語

「敬語なのに上から目線」という摩訶不思議なマナー違反は、社会人歴が浅いときにやってしまいがちです。敬語のミスで最も多いのは、「丁寧語だけで済ませてしまう」ミスです。

□ 敬語の不十分な例と改善策：

落ちそう！　不十分な敬語	これなら通る！　改善策
〜で大丈夫です	〜でお願いいたします
〜じゃないですか	〜と考えております
〜って言ってましたよね	〜とおっしゃっていましたが
すみません	申し訳ございません
御社の○○様へ言ったら	御社の○○様へ申し上げたところ
○○様が来まして	○○様がお越しになって
行きます	参ります
もらいます	いただきます
はい、知っています	はい、存じ上げております

面接において敬語は「丁寧語」だけだと不十分とみなされます。知識では知っていても、いざ模擬面接となるとぱっと出てこないことも多いもの。接客のアルバイト経験がない方は今一度尊敬語、謙譲語を思い出して使う練習をしてみましょう。

3．上から目線の言葉遣い

実はここまでを踏まえた正しい敬語でも「上から目線」に聞こえてしまう言葉遣いがあります。

もともと、大人同士のやりとりは、お互いにへりくだった表現を使うのが慣例となっています。面接官も学生も「大人同士」のやりとりを心がけるなら、へりくだった目線で互いに話すのが通例です。面接で頻出する例を取り上げますので、参考にしてみてください。

□ 正しいのに上から目線！ 面接でのへりくだり方：

落ちそう！ 上から目線の言葉	これなら通る！ へりくだり方
御社を選びました	御社を志望いたしました
御社で活躍したいです	御社へ貢献できればと思います
私が調べたところ〜	私の調べた範囲に過ぎませんが〜
選考の日程はいつ判明しますか	選考の日程はお決まりでしょうか
個人的な意見ですが	私の主観に過ぎず恐縮ですが
さっきも言いましたが	先ほどと内容が重複し恐縮ですが
いかがでしょうか	ご検討いただけますでしょうか

面接までに婉曲な言葉遣いでへりくだる技術を身につけておきましょう。面接で加点されるだけでなく、就職後も役に立ちます。

03

よく出る！面接の質問想定術

ここからは実際の会話を書き起こす形で、よく出る質問への対策をお伝えします。原則として、**面接ではどの企業でも、ESで出題された設問と同じ質問が問われます。**したがってESで万全の対策をしてから提出していれば、そこまで困ることはありません。逆にESを適当に出してしまうと、面接で四苦八苦することになるでしょう。

面接官は「情緒不安定なラノベのキャラ」と心得よ

あなたがしっかりと準備したESを提出できている場合、そのESをもとに、実際に面接で聞かれるであろう質問を想定しておきましょう。

自分が提出したESを見直しながら「面接官ならどこを突っ込むだろうか？」と妄想しながら赤ペンで書き込んでいくのです。

□ESへ追記する妄想ツッコミの例：

・へえ、バイト頑張ったんだね。でもどうしてこんなに売上が落ちてたの？

・部活で金銭トラブルがあったと書いてあるけど、警察沙汰にしなかったのはなぜ？
・すごく多彩な活動をしてるけど、ここまで頑張ったのはなんで？

とはいえ、最初は正確な「面接官のツッコミ」を妄想できないかもしれません。そんなときは極端な例ではありますが、こんな風に想像してみてください。

あなたには情緒不安定な彼氏・彼女がいます。
「好き？」と聞かれて「好きだよ」と答えるくらいでは、あなたの恋人は不安でたまらなくなってしまいます。ましてや「顔がかわいいから」と**表層的な理由**を伝えたら「じゃあ、もっと好みの顔の人がいたらその子にしちゃうの？」と喧嘩になることでしょう。
そこであなたは「出会ったときはこう思ってたけど、しだいに○○だと知ってますます好きになったんだ。そして最後に○○があって、君のことしか考えられないって思ったんだよ」と**実体験に基づく具体的な理由**を答えることになるでしょう。

実を言うと**企業の面接では、情緒不安定な恋人を説得するのと全く同じ文法を求められます。**あなたはESでも、面接でも、しつこいくらいにその会社が本当に第一志望なのか、それはなぜか、どこが好きなのか、どういう経緯で知ったのか、どんなことをしたいのか……と深掘りされます。
うっかり他社とかぶりそうな理由を伝えれば「それって他社でもいいんじゃないの？　本当にウチがいいの？　なんで？」

と言われてしまうのです。

そう思えば、面接官のツッコミもわかりやすいのではないでしょうか。
「『自営業の父を見て自分もモノづくりをしたいと思った』ねぇ……。そんなにお父さんを尊敬しているなら、なぜ跡を継がないの？　本当は数年でウチなんか辞めて、跡継ぎになろうって算段でしょ？」「大学でマーケティングを勉強したのに、なぜ商社で営業をしたがるの？　本当はマーケティング系の業種が本命で、うちが商社だからって適当に合わせてるんじゃない？」
「夢は納得できたけど、それってウチじゃ実現できないかもよ？　それでも弊社のこと、好きって言える？」

……ほら、面接官がちょっとラノベのキャラに見えてきませんか？　ここまで想像がはかどればしめたもの。あなたはすでに面接対策の達人です。
もし不安が残るならば、OBOG 訪問で「この ES をもとに面接なさるとしたら、どういう質問をされますか？」と相談してみましょう。

ダメESを提出してしまったら、その内容は忘れてよし

さて**ここまでは、理想的な ES を提出できた場合の対策**です。いくら真剣に就活に臨んでいる人であっても、何十社もエント

リーしていたら、期限に迫られてつい他社のコピーで提出してしまった適当なESや、急ぎすぎてろくに調べ切れなかった企業もあるでしょう。それを本書では一切責めません。

私は学生時代に70社以上エントリーしていましたが、浅はかなESで面接へ向かってしまったことは一度や二度ではないからです。

もしもあなたがダメESを出してしまったのなら、提出したESの内容は忘れましょう。どこをどう弄っても、ダメなESはどうにもなりません。

面接でも開口一番に、

「ESを書いたときは自分の言葉足らずで、志望動機をうまく説明できませんでした。申し訳ございません！　まっさらな状態で再度、志望動機を聞いていただけないでしょうか」

……と、**謝ってしまったほうが通過率も上がります。**素直さは好印象を与えられるからです。

下手に取りつくろって失敗を覆い隠すよりも、ミスはミスと認めてしまうこと。それが準備不足になった企業への突破口です。もちろん準備万端の学生と比べて採用される確率は下がります。しかし数百人、数千人単位で内定を出す企業であれば「お目こぼし」を狙えるのです。

その際、必ず「どうして準備ができなかったのか」と質問されるかと思います。うまく切り抜ける答えは、あらかじめ考えておきましょう。たとえば、

「貴社への憧れは強くありましたが、実際にどう会社で勤めるかのイメージができないままESを書いてしまいました。その後、OBOG訪問で社員さんから直接お話を伺うことで、実際に働く像が摑めました。そのうえで本日あらためて志望動機を申し上げます」

こんな風にまとめられれば、体裁を保てます。

これから社会へ出て、資料不足のままプレゼンへ挑んだり、本社からの情報を得られないまま取引先へ現状を説明したりせねばならない日もくるでしょう。

そういった事態へ対応するのがこういった「上手な切り抜け」です。実際、面接へ行きたくなるくらい惹かれたのは嘘ではないのですから、ESで書いたことをひっくり返してでも、状況を切り抜けましょう。

ただし切り抜けるときは「体調不良で集中できず」などと心身の不調を言い訳にしないよう注意してください。体が弱いと誤解されて、せっかく通る面接も落とされかねません。

心身の不調以外で切り抜けるすべを思いついたら、あらためて前項の「面接官は『情緒不安定なラノベのキャラ』と心得よ」の項目を読んでください。

そして自分が口頭で伝える志望動機や学生時代に力を入れたことを書き起こし、ツッコミを書いてみましょう。こちらは、ワークシートも活用してみてください。

面接後には必ず「振り返り」を行いブラッシュアップさせていく

そして、面接のあとに毎回必ずやっておきたいのが、「面接で『できたこと』『改善できること』を3つずつリストアップすること」です。面接のたびに振り返りを行うことで、自分の面接力をどんどんブラッシュアップすることができます。

こちらもワークシートを用意していますので、自分の振り返りに活用してください。

変わり種質問対策

面接で登場する過去問は、「外資就活ドットコム」や「ワンキャリア」などの就活サイトで調べることができます。

それらを読んでいると、**一部業界で「何が目的で聞かれているのか、全くわからない質問」が見られる**はずです。

有名なものでは、以下の質問があります。

・自分を動物にたとえると？
・弊社で上司2名が異なる指示を出したらどうする？
・死ぬときに何を考えると思う？
・今日はどうやってここへ来ましたか？
・何かすべらない話をしてください。
・あなたのキャッチフレーズは？
・あなたが日本1位だと思うことは？

・100万円あったら何に使う？
・無人島に1つだけ持って行くなら何を選ぶ？

なぜこういった「応用問題」が出されるかといえば、全般的に**あなたの「余裕」を見ている**のです。どんなに突飛な質問が来ても、まずは**「ひるまない」ことだけを意識**しましょう。

もちろん、頭の中ではパニックを起こしていても構いません。**顔だけ余裕の表情をしておけばよい**のです。

そのうえでせっぱつまってしまったら**「30秒、考えるお時間をいただけますか」と交渉**してみましょう。

これらの質問に正解はありません。

まずは「大丈夫だ、落ち着け！」とだけ念じてください。

理路整然とした答えとは？

では、「理路整然とした答え」とは何でしょうか？　簡単に言えば**「なるほど」と相手がとりあえず納得する答え**です。たとえばあなたが自らのキャッチフレーズを聞かれたとしましょう。

「"みんなの友"です。私は誰とでも仲良くなれるからです」という言葉は、少しうさんくさいですよね。しかし代わりに「"社交マシーン"です。パーティや交流会で一時も休まず人と絡みたがる寂しがりだからです」

こんな風に、少し**自分をへりくだって説明**できれば、説得力も生まれます。

オンライン面接対策

昨今、オンライン面接の実施企業が増えてきました。質問される内容は普通の面接と同じですが、少しだけ準備が必要です。

□ 面接前に準備しておきたいこと

・照明：PCやスマホのカメラは暗く、顔が映らないこともあります。撮影用ライトを購入するか、デスクライトを自分に向けて当てましょう。

・カメラの高さ：二重あごや鼻の穴が見えるような角度にならないよう、PCの下に本などを積んで自分が「やや斜め上」から映るように調節しましょう。また、カメラからいつもより遠めに下がり、肩まで映るように座る位置を調整します。

・静かな環境：カフェなどから参加すると、雑音が多く会話になりません。静かな部屋とWi-Fiの環境は手配しておきましょう。

・声量：対面の面接よりも音が聞こえづらくなるため、いつもより大きめの声、ハキハキとした発声を意識して下さい。

・背景：汚い自室が見えてしまえば、何を言っても悪印象。会議室など、無難なバーチャル背景を設定しましょう。

・カンペ：ESや自作のカンペを見ながら話せるのがオンライン面接のメリットですが、目を左右に動かすとすぐにバレます。

カンペは箇条書きにして、目線がぶれない程度にまとめましょう。

オンライン面接を受ける前に、P.188のオンラインOBOG訪問対策の項目も見て、同様の準備をしておいてください。

図19　オンライン面接環境のポイント

デスクライトは自分の顔が明るく映るように角度を調整する
カンペは目線がブレないよう簡潔に書き、カメラの近くに貼る
バーチャル背景を設定するなど余計なものが映らないようにする

図20　カメラ設置環境の調節方法

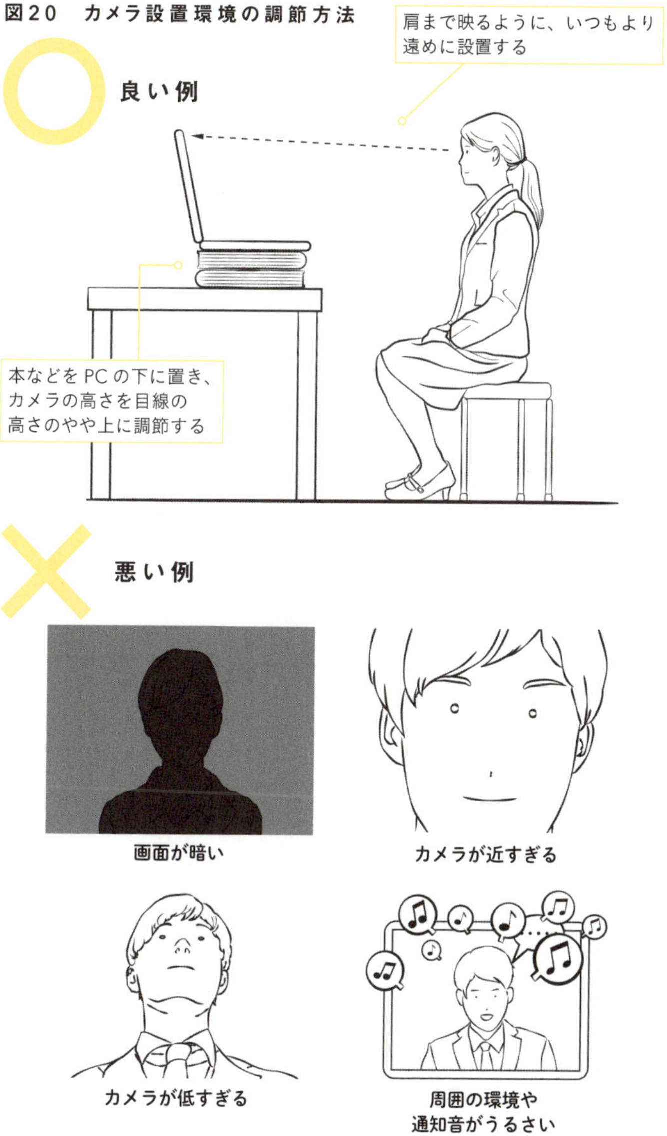
肩まで映るように、いつもより遠めに設置する
良い例
本などをPCの下に置き、カメラの高さを目線の高さのやや上に調節する
悪い例
画面が暗い
カメラが近すぎる
カメラが低すぎる
周囲の環境や通知音がうるさい

04

面接前日にできること

4グループでわかる! よく出る質問と答え方

さて、ここからは「難問・奇問」ではなく、**まっとうに対策すべき頻出問題**をリストアップします。分けるとわずか4パターン。準備さえしておけば恐れることはありません。

グループ1. ESと全く同じ質問

□ 質問例：

・学生時代に頑張ったことを教えてください

・どうして弊社を志望したのですか？

・自己PRをしてください

□ 質問される意図：

たくさんの学生を面接するため、ESを事前にじっくり読んでいる面接官は多くありません。あらためて質問することで資料を確認したいという意図があります。

□ 対策：

ここは、ESと同じことを話さなければ首を傾げられてしまう部分です。難しいことは考えず、ESをそのまま要約して話せばOKですが、つっかえたり、口ごもったりしないように模擬面接で練習を積んでおきましょう。

グループ2.
企業との相性を問う質問

□ 質問例：

・あなたの長所・短所を教えてください
・あなたにとって「働く」とは？
・尊敬する人は誰ですか？　その理由は？
・趣味や特技は？
・リーダーシップを発揮した経験を教えてください
・大学で何を勉強していますか？

□ 質問される意図：

Chapter 02に書いた「5つの強み」で分析した、企業ごとに求める特性を満たしているかを問う質問です。たとえば「リーダーシップ」を問う企業は、ビッグ・ファイブの「外向性」、トラブルを収めた経験は「協調性」、学業で頑張った経験は「勤勉性」を確認しています。

□ 対策：

ここは、それぞれの企業が求めそうなエピソードを添えて答える必要があります。**事前に企業が聞きそうな質問をネットで調べておき、自身の特性をアピールする回答を準備しておく**ことが重要です。

特に「趣味・特技」などのプライベートを問われるとうっかり本音を言いそうになりますが、それで会社との相性を確認されてしまいます。

志望企業の社員がやっていそうな趣味や流行をあらかじめ調べ、答えるくらいの準備はしておきたいところです。

例題

最近ハマってることってなんかある?

電通での回答例：

（電通なら、外向性や好奇心の強さを求められそうだ。メディア受けしそうなネタが必要だな……と考えて）

「はい、街でオシャレな男女のスナップ写真を撮らせてもらうことにハマっています。撮影時に許可を得て Twitter や Instagram へ掲載させてもらい、あたかも雑誌のスナップコーナーのようなコンテンツを作っています。現在フォロワーは SNS 合計で 1 万人ほどいます」

旭化成での回答例：

（旭化成なら、勤勉性を見せるエピソードが求められそうだな。チームワークも大事そうだから、合わせた趣味で言うと……と考えて）

「はい、ゼミの議事録をアーカイブ化することにのめり込んでいます。私のゼミは週 1 で課題図書を読む勉強会を開催しているのですが、自主的な活動だったこともあり、誰も議事録を保存していませんでした。そこで私の代からは議事録を残し、後輩の役に立てようと、私が議事録をとりPDF形式で保管しています」

このように、同じ設問でも回答例が全く異なることがわかると思います。そのため、あらかじめ受ける企業がどのようなビッグ・ファイブを求めているか、Chapter 02を振り返って確認しておきましょう。

グループ3.
ストレス耐性を問う質問

□ 質問例：

・挫折した経験を教えてください
・君って体弱そうだけど大丈夫？
・スポーツやっていたことはある？
・目上の人から理不尽な命令をされたらどうしますか？
・ストレスをどう発散していますか？

□ 質問される意図：

自社で勤務し続ける精神・肉体面でのタフさを問われています。したがって、必ず「逆境を乗り越えた経験」を見せるべき局面です。この質問をされるということは、面接官から、あなたのタフさが疑問視されているということでもあります。

□ **対策：**

ひたすら心身のタフさをアピールすることに尽きます。

「人から見れば理不尽と思われる命令を受けたことはありますが、私はそう受け止めませんでした。私には理解できない大局をその方は見ていると考えたからです」
「ストレスは寝れば忘れるタイプです」
「部活動はやっていませんが、文化祭前に二晩徹夜した体力があります」

ただし、あまりにこの手の質問ばかりしてくる企業は激務の可能性が高いため、覚悟して挑むことを忘れずに。もともとストレス耐性に自信がなければ、ここで思い切って辞退しておくのも賢い選択でしょう。内定よりも、健康な心身が第一です。

グループ4.
志望度を問う質問

□ **質問例：**

・弊社は第一志望ですか？
・最近気になったニュースは？
・将来の夢は何ですか？
・就活の軸は何ですか？
・希望しない部署へ配属されたらどうする？
・最後に何か質問はありますか？（逆質問）

□ 質問される意図：

本当は自社が滑り止めではないか？　と、本気度を確認するための質問です。この質問が来た時点で、あなたの志望度が疑われているともいえます。本気度を示す回答を準備しておきたいところです。

□ 対策：

相手の予想を超える志望度を見せつけましょう。たとえば、

「最近気になったニュースは『×××』（※業界専門紙の名前）に載っていた御社の競合であるＡ社の新規プロジェクトです。このプロジェクトは御社の○○部門に影響があると考え、もし私が社員だったらどう対処するだろうか、と考えるきっかけになりました」

と答えれば、**「業界の人間しか読まないであろう専門紙にまで目を通すほど、志望度が高い」**ことを見せられます。このあと、業界紙一覧をまとめて紹介しますので、志望業界の業界紙は面接前にウェブ検索するか、大学図書館などでざっと目を通しておきましょう。

他にも、

・「御社は第一志望です。もしここで内定をいただけるなら、この部屋で他社へ選考辞退のお電話をさせていただきます」
・「希望以外の部署でも一切構いません。私のやりたいことは○○であり、そこへたとえば経理、人事部門からもアプローチできるからです。たとえば経理はプロジェクトの予算を管

理することから、お客様の利益を最大化できます。人事であれば、取引先のため最適な人材を配置できます。このようにどの部署であっても貴社利益のため最善を尽くしたいです」

といった熱意で、志望度は見せられます。

なお、最後の逆質問だけは個別に対策をこの章の後半にて紹介しましょう。

面接前日になったら面接の過去問を調べ、「自分ならどう答えるか？」と考えながら箇条書きのメモを作っていきましょう。

面接の回答はフルの文章で書いてしまうと、丸暗記しようと焦ってしまいます。面接では話したいことの要点を押さえれば問題ありません。

うっかり当日話したかったことにヌケモレがあっても「しょうがない！」と割り切って進んでください。そこまで準備をして全力を尽くせなかった企業とは、ご縁が文字通りなかったのです。毎日100%の実力を出すことは、社会人にだってできません。**当日失敗しても悔いなく終われるくらいの練習をしておきましょう。**

□志望度が高いなら目を通しておきたい、主な業界紙（誌）一覧：

・農林水産業

日本農業新聞、農経新聞、農業協同組合新聞、農業共済新聞、日本種苗新聞、米穀市況速報、農機新聞、水産新聞、日本養殖新聞、みなと新聞

・建設業

日刊建設工業新聞、建設通信新聞、建設経済新聞、建通新聞、日本工業経済新聞

・食料品

日本食糧新聞、食品産業新聞、冷凍食品新聞、食品化学新聞、日本パン・菓子新聞

・繊維製品、紙製品

繊維ニュース、繊研新聞、全ドラ（クリーニング業界専門新聞）、日刊紙業通信、板紙・段ボール新聞

・化学

石鹼日用品新報、日用品化粧品新聞、化学工業日報、塗料報知、日本塗装時報

・医薬品

日刊薬業、医薬経済、薬事日報、薬事ニュース、週刊粧業、薬局新聞、ドラッグマガジン

・石油・石炭製品、ゴム製品

石油化学新聞、ゴム報知新聞、コンクリート新聞、セメント新聞

・鉄鋼、非鉄金属、金属製品

日刊産業新聞、日刊鉄鋼新聞、金属産業新聞、日刊市況通信

・輸送用機器

交通毎日新聞、二輪車新聞

・ガス、エネルギー

ガスエネルギー新聞、プロパン・ブタンニュース、水道産業新聞、日本水道新聞

・倉庫・運輸関連業

日本海事新聞、運輸新聞、物流ニッポン、輸送経済、流通ジャーナル、日本流通産業新聞、物流ウィークリー、日刊通運情報

・日用品

日経MJ、週刊粧業、日用品化粧品新聞

・情報・通信業、小売業

電経新聞、電波タイムズ、通販新聞、ホームリビング、月刊激流

・**金融、証券、保険業**

ニッキン、金融経済新聞、日本証券新聞、株式新聞、保険毎日新聞

・**不動産業**

日刊不動産経済通信、全国賃貸住宅新聞、リフォーム産業新聞、住宅産業新聞

・**介護、教育**

高齢者住宅新聞、シルバー新報、福祉新聞、教育新聞、日本教育新聞、全私学新聞、教育家庭新聞、専門学校新聞

・**観光**

観光経済新聞、旬刊旅行新聞

・**マスコミ、出版**

映像新聞、日広連、電通報、新文化、文化通信

・**冠婚葬祭**

ウェディングジャーナル、神社新報、仏教タイムス

・**アパレル**

ウォッチ&ジュエリー トゥデイ、WWD JAPAN、ファッションプレス

自分の“キャラ付け”は戦略的に決めておく

さて、実際に面接の準備として「何を答えようか」と書き記す前にお願いしたいことがあります。それは**「自分が面接官にどんな印象を与えたいか」を決める**ことです。

面接官は、最大で1日に100名ほどの学生を見ます。そうなると、ぱっと思い出せる学生のほうが少なくなってしまいます。そこで「ああ、〇〇の子ね」と覚えてもらえれば、通りやすくなるのです。

自己PRではどうしても「あれもできます、これもやってきました」とさまざまな経験をアピールしたくなるでしょう。けれど**思い切ってメッセージを1つに絞ったほうが、通過率はぐっと上がります。**

ではどのメッセージを残すべきでしょうか。本書で何度もお伝えしていますが、**答えは、「受ける会社が望みそうな特性」です。**

たとえば私が新卒入社したP&Gジャパンのマーケティング部を受けた当時、面接通過には100倍以上の倍率が想定されました。当時の私はP&Gをビッグ・ファイブの「好奇心の強さ」「外向性」を強く求める企業だと分析し、そのどちらかで突出したエピソードを話そうと考えました。

ただ、「外向性」にまつわるエピソードは王道であり、他の学生も多くの経験を持っているだろうと予測されました。難関企業を突破する学生なら、体育会の部長やバイトリーダーなどをやってきた方ばかりでしょう。私ごときでは勝ち目がないだろうと考え、「外向性」のエピソードでは、ひとひねり利かせなければ覚えてもらえないだろうと判断しました。

そこで選んだのが**「好きなひとへ貢ぐために、起業してしまう人間」というメッセージ**でした。当時の私は、そのとき交際していた恋人の学費を稼ぐため、会社を2つ立ち上げていました。就活生にも起業経験者はたくさんいるでしょうが、動機が「男のため」と言ってしまう学生は少ないだろうと判断したのです。

また、動機が恋愛であれば「好きなひとのためにいくらでも御社で働けます」「起業より、安定的にパートナーを養える会社員になりたいと考えました」と、あわせてタフさや志望度もアピールできると考えました。おそらく裏で面接官には「やばい奴が来た」と思われたであろうことは想像に難くないですが、無事に記憶を残し、内定することには成功しています。

このように、同じ会社を受ける他の就活生（ライバル）が何を言いそうか予想して、自分はどんな印象を残すか考えることを、マーケティングの専門用語では**「ポジショニング」**と言います。簡単な言葉で言い換えるなら、「キャラ付け」でしょうか。

□ポジショニング例①：リクルートを受けるAさんの場合

リクルートでは珍しい、ナード（※英語圏のスラングから来た言葉で、社交性には少し欠けるが、ITや数学に専門的な知識を持つタイプの人のこと）で理知的な印象を残そう。ただし外向的な先輩方から信頼を得たエピソードを話すことで、社内でも暴走するプロジェクトに歯止めをかけられる人間だと思ってもらおう。

□ ポジショニング例②：小林製薬を受けるBさんの場合

小林製薬を受けるなら、伝統的な業界を合理化できる人間だと思ってもらおう。お客様との古いつながりを大事にする古きよきバイト先で、合理的な戦略を実践した経験を話して「社内に適応できる協調性はありながら、改革できるやつ」と思ってもらおう。

□ ポジショニング例③：東京海上日動を受けるCさんの場合

とにかく後輩キャラでいこう。東京海上日動は伝統的な業界だからこそ先輩からかわいがられる能力が求められる。この弟力で難局を乗り切った経験を話そう。たとえば文化祭の飲食店にクレームが入った話はどうかな。

といったように、**自分がどんなキャラクターだと思ってもらいたいかは戦略的に練りましょう。**あなたが「実は優れた人材」だとしても、面接官には、それを面接中に掘り起こす時間がありません。あなたが表に掲げた看板が、そのままあなた自身だと理解されるのです。わかってもらえないことを嘆くのではなく、**わかってもらうためにどうすればいいかを考える。**これが内定への近道です。

05

最重要な志望動機を制覇する

志望していなくても、志望動機は作れる

面接で最も就活生を苦しめるのは、志望動機でしょう。特に面接の後半へ近づけば近づくほど、志望度を強く確認されます。そこで、小手先のように見えるかもしれませんが**「志望度が特になくても準備できる志望動機の作り方」をご案内します。**

1. まずはESを読み返す

Chapter 03「通る志望動機のテンプレート」を読めば、当時の自分がある程度調べて書いた志望動機があるはずです。志望動機は原則としてESへ忠実に述べることとなりますので、以前提出した志望動機を読み返してみましょう。

2. 働いている社員の「生の声」で肉付けする

ESで書いた志望動機をデータで補強するために、まずはOpenWorkをはじめとする転職口コミサイトに目を通します。志望企業出身者の意見から**「自分の志望動機を補強できそうな発言」を探し、肉付け要素として面接で使いましょう。**

実際にOBOG訪問をできた場合は、なおよいです。「御社

の○○様にお会いし、実際に御社で▲▲を通じて貢献できると伺いました」と伝えることができるので、説得性が増します。

受けている会社でなくとも、競合他社のOBOG訪問をしている場合も同様によい肉付け資料となります。

「応募はしなかったのですが、□□社の社員さんが、御社であれば私の希望する仕事ができると教えてくださいました」と伝えれば、なぜその競合を選ばないのかも説明でき、一石二鳥となります。

3．足で稼いだ情報で高い評価を手に入れる

また、企業があなたの志望度を信じるのは、「足で稼いだ情報」があるときです。たとえば株式会社明治へ応募する方はごまんといますが、その中でスーパーマーケットを10店舗回り、明治の商品が棚でどのように配置されているのか、価格はどう違うのか、POPや什器《じゅうき》の特徴は何かまで調べてくる学生はほとんどいません。

このように**足で稼いだ情報から「御社の強みは○○だと感じました」と述べる学生は、高く評価されます。**一見難しそうに見えますが、競合他社も併願しているなら、1回の調査で全社の強み・課題点を調べることができ、大変コスパのよい作業と言えます。

4．「本音を申し上げますと」を使う

ここまで作り上げた志望動機でも、「本当にそうなの？」と疑念を抱かれることはあります。たとえば「グローバルに活躍したい」「お客様に喜んでいただきたい」などあいまいすぎる単語で志望動機を作ってしまうと、いくら足で稼ごう

が、社員に話を聞いていようが疑念を抱かれてしまうのです。というのも、同じ条件に当てはまる会社が大量にあるからです。

こういった質問を受けてしまったら、「本音を申し上げますと、」と前置きしてから自分の性根を語るとよいでしょう。

面接官に志望度を疑われたときの対話例を紹介します。

□ 会社例：損害保険ジャパン株式会社

面接官「君が本当にうちに来たいのか、まだわからないんだよね」

Aさん「本音を申し上げますと、最初に御社へ興味を抱いたのはミーハーな気持ちもあってのことでした。内定者に優秀な先輩方が多く、先輩のようになりたいと憧れたからです。ですが説明会やOBOG訪問を経て、御社のお仕事は私が今までにやってきたことにつながっていると気づきました。小学校のころに募金活動で100万円集めたり、大学の寮で自傷行為をした子をタクシーで病院へ運んだり。泥臭いですが、ひとりひとりと向き合って何かをやるのは私にとって気持ちのよいことでした。何かあるとつい、目の前の相手へ尽くしてしまう。しかしそれが気持ちいい。これがきっと私の性根です。そして御社で、この性根を通じて貢献したいんです」

どうでしょうか？　このほうが、「お客様の喜び」「やりがい」「早期成長」など壮大な理由をつらつら言い連ねるよりも、「本当に志望しているんだな」感が出ると思います。

人はあいまいな言葉を使われれば使われるだけ、「うさんくさい」と感じるようになります。1次・2次面接ではきれいな言葉で自分を説明することも必要ですが、いずれは「それってホンネなの？」とツッコミを受けるでしょう。

そんな時に効くのが「本音を申し上げますと、」という前置きです。面接官はこう言われてしまうと「いいや、お前の性根は違うだろう」と否定することもできませんし、あえて本音を話したように見えるので信頼してもらいやすくなるのです。

また、「損害保険ジャパン株式会社は泥臭い」といった企業のともすればネガティブととらえられかねないイメージを選び「私の性根も泥臭いので、御社と同じです」と語ることにより、なぜあえてその企業を選んだのかも見せることができます。

もし自分の志望度を疑われてしまったら、企業のネガティブイメージを探して「私も性根が同じだから、御社を受けているのです」と語ってみましょう。きっと手ごたえがあるでしょう。

しっかりしておきたい、逆質問対策

さて、ここで対策が簡単なようで難しい「逆質問」対策をしておきましょう。

面接の最後に**「何か質問はありますか？」**と問われたとき、とっさに準備できる学生は少ないはずです。そういったとき、

うっかり学生はボロを出して本当に聞きたいことを聞いてしまいます。

□ 学生が落とされる逆質問のパターン3選

1. 福利厚生についてばかり質問をする

「育休はちゃんと1年間取れるのでしょうか」「30歳で年収はどのくらいでしょうか」「うつ病の方はどれくらい出ますか?」といった質問はほとんどの企業で落とされます。こういった質問は、こっそり口コミサイトで調べるべきものです。堂々と面接で質問してしまうと、あなたの協調性を疑われてしまいます。

2. 調べればすぐにわかることを質問する

「貴社の主力製品は何ですか」といった、調べればすぐにわかる質問をしてしまうと志望度が低いとみなされ、落とされてしまいます。今や年収ですら、Google や Yahoo! で検索すれば複数のデータが出てきます。少なくともネットで調べればわかる情報くらいは質問しないようにしてください。

3. 面接官の管轄外に当たる質問をする

面接官は営業、経理、人事、総務、生産、研究開発など多数の部署から集められています。そこで経理しか知り得ない情報を営業の方へ質問しても、面食らわせてしまいます。

あるいは「私はどこへ配属される可能性が高いでしょうか?」といった質問も、現時点では決まっていないことなのでわかりません。極端な話、これから急な離職のある部門が出れば、人事計画は簡単に変更されてしまうからです。

逆に、どの企業でも使える「逆質問でよい評価を得る質問の例」を下記に記しておきます。

□ 逆質問でよい評価を得る質問の例：

・貴社へ入る前に準備できることは何があるでしょうか。
・貴社業界を学ばせていただくためにオススメの本があれば教えてください。
・入社後に役立つ資格があれば事前に勉強したいのでご教示ください。
・貴社で働くうえでしておくべき覚悟を教えてください。
・貴社で長年お勤めの方には、どんな共通点がありますか？

ただし、これらの質問だけでは「あからさまに対策をしてきた感じ」が出てしまうため、可能であれば１つ２つ、調べてきたことをもとに質問してみましょう。たとえばこういう質問が有効に働きます。

・OBOG 訪問では○○が貴社の強みと聞きましたが、それを実際に感じられた経験はおありですか？
・これから貴社は○○を強化すると新聞で読みました。その変化を社内で実感されていらっしゃいますか？

このように**「調べましたが、実際にそう感じられますか？」という質問は自分が志望する企業についてきちんと調査したことが伝わるため好印象**です。上手に定番の質問と企業ごとの質問を使い分けて、無難に逆質問を乗り越えていきましょう。

06

マインドセット

面接に落ちてからできる逆転術

さて、**ここまで努力を尽くしても、残念ながら落ちるときは落ちます。**筆者がさまざまな企業の人事と直接話した経験から思うのは、「採用基準がいかにあいまいか」ということです。

私が就活生だった当時、落ちるからには理由があると思っていました。

しかし**大半の企業はそこまで明確な採用基準を持っていません。**特に偉い人になればなるほど「こういう子、ウチにいそうだな」というあいまいな理由で合否を決めることもあります。

その例が、あるテレビ局の面接です。ある学生が、面接で大きな失敗をやらかしました。

面接官「この局ではどんな番組が必要だと思う？」

学生「もっとスポーツを積極的に取り扱うような番組が求められると思います」

面接官「もう弊社にそういう番組あるんですよ。調べてなかったの？」

こんなやりとりが交わされたら、十中八九落ちます。受けている会社を調べていなかったと告白するのと同じだからです。

ところがこの学生は内定しました。内定後に「なぜ僕が内定したんですか？」と質問したところ、**「君が一番（声が）元気だったんだよ」**と言われたそうです。

「声で内定⁉」と思われる方もいるでしょう。ところが面接では「あの子はちょっと勉強不足だけど、元気だからいいね」なんて理由で内定してしまうことが多々あります。逆に、いくら準備していても「覇気がない」「姿勢が悪い」「なんかウチっぽくない」……などなど、理不尽な理由で落とされることも多いのです。

しかし、そんな相手へも対策を取れます。

①「社内の○○さんのような学生だ」と親近感を与える
②「元気がある」「素直だ」など新卒ならではの強みを見せる

対策はこの2点。最終面接で失言をしてしまったり、相手の反応がイマイチだったりしたときは「この会社にいそうな人はどんなふるまいをするか」や「素直さ」といった点を意識しましょう。

特に、「ハキハキ話すこと」を心がけ、元気・素直といった「新卒にしかない強み」を使いましょう。

具体的には「ゆっくり・大きな声で話す」「指摘を受けたらおっしゃる通りです、私が間違っていましたと素直に謝る」などといったことです。

それだけでは他の学生と差がつかないと思われるかもしれませんが、意外なほどに多くの学生はこの2つができていません。もうダメだ、と何もかもあきらめてしまうくらいなら、素直さを発揮して「申し訳ありません、私には至らぬ面も多数あると思います！　ご指導通り直していく所存です！　貴社へ何があっても入りたく、何卒よろしくお願い申し上げます！」と言い残して去りましょう。

最後に、最も重要なのは、**落ちてもめげないこと**です。Chapter 01 でもお話ししましたが、人気企業の内定倍率は 100 倍以上のこともザラ。**あなたが落ちるのは確率上「普通」のことです。就活は「内定できたらラッキー」というゲームなのです。**

これから何十社もエントリーして面接を受ける中で、あなたは偶然「ウチにいそう」と思ってもらえなかっただけのこと。

面接は最終に近づけば近づくほど、相性で落とされるものです。「なんだ、合わなかったんだ。次いこ、次」くらいの気持ちで、エントリーする会社を増やしていってください。

選考＆内定辞退の作法

最後に、選考と内定を辞退するマナーをお伝えしておきます。まず大前提として、内定辞退はあなたに不利益をもたらしません。もともとすでに雇用されている社員ですら、法律上は「辞めます」とさえ伝えれば、2 週間で辞めることができます。

したがって、内定している学生も内定式の 2 週間前までに辞意を伝えれば、全く問題ありません。また、内定辞退の理由も問われません。企業は内定辞退を断る権利がないので、あなたの辞退を拒否することができないのです。

まれに「入社までの研修に使った交通費などを返せ」と言ってくる企業があります。しかしそれも企業が自社社員を育てるために使った費用であり、こちらが払う義務は一切ありません。
ただし、いくら内定辞退をするといっても、法律において「権利の行使及び義務の履行は、信義に従い誠実に行わなければならない」（民法１条２項）という規定があります。したがって、**いきなり音信不通になるなど礼儀を失した態度は取らないよう注意しましょう。**

選考・内定辞退のためには、まず**メールや電話で連絡**をします。もし呼び出されたら、**録音できる機器を準備**して行きましょう。録音は公開すると訴えられるリスクがありますが、万が一「二度とお前の大学から採用しないようにしてやる」などと脅されるなど、違法行為があった際に、警察へ持っていけるようにするためです。物騒かもしれませんが、よほどのことがなければ使いません。「保険」として持っておきましょう。

採用側にとっても選考・内定辞退は「よくあること」です。したがって思いつめることなく、早期に伝えましょう。辞退が遅くなることで欠員が出るよりも、**早く辞退してもらったほうが、企業側も追加採用が間に合うので、助かる**のです。悪い報告ほど、早く報告すると社会人になっても喜ばれます。これも社会に出る訓練と思い、勇気を出してください。

Chapter 06 ――まとめ

- 面接は1次と最終で目的が変わる。1次では優秀さを、最終面接へ近づけば近づくほど志望度を見せよう。

- ほとんどの面接官はエントリーシートを深掘りしてくる。エントリーシートを見直して自分でツッコミを入れ、質問をあらかじめ想定しよう。

- 逆質問はあらゆる場面で聞かれるため、最低3つは準備しよう。

- 面接後は落ち込むのではなく、振り返ろう。たとえダメだった面接でも、次に活きないものはない。

- 内定辞退は法律上問題なし。丁寧な辞退を心がけよう。

おわりに

ここまで『確実内定』をご覧くださり、ありがとうございます。ひととおり目を通したけれど、まだ何も始められてない方もいらっしゃると思います。まずはそれだけで構いません。

これから実際にエントリーシートを書いてみたり、グループディスカッションを経験したりと、就活のステップに応じて「そういえば、こんなことが書いてあったな」と見直しながら攻略していきましょう。

ひとまず、最初に会員登録だけでもしておいていただきたいサイトは以下のとおりです。

・ワンキャリア
・マイナビ
・シキホー！Mine
・OpenWork
・就活会議
・OfferBox
・ビズリーチ・キャンパス

こちらは2021年12月現在でおすすめする一覧です。例年新しいサービスが生まれていきますので、先輩内定者や若手社会人にも聞いてみましょう。

すでに本書の対策を実践された方、おそらく内定を手にされたと思います。おめでとうございます！　この本が不要になったときこそ、あなたの目的が達成されたときです。内定後の学生生活を、思う存分楽しんでください。

私は社会人になり10年ちょっと。「仕事が楽しくない」と思ったことは、一度もありません。あなたの3年後、5年後、10年後がそうでありますよう、応援しています。

この本を作るにあたり、4,000人以上の就活生が相談してくださりました。ありがとうございます。あなたたちのおかげで、この本が生まれています。

そして、この本を買ってくださった方へ。あなたが勉強熱心で、優秀なことは私が知っています。真にやる気を持った人でなければ、本を読み切ることができないからです。あなたはすでに努力をしています。あとは進むだけです。

この就活という対策可能なゲームを、共に乗り越えていきましょう。

トイアンナ

謝辞

2011年当時、就活生媒体へライターとしてお誘いくださった「外資就活ドットコム」様、ありがとうございました。

その後、一時就活業界から遠ざかった私を呼び戻してくださった「ワンキャリア」様、ありがとうございます。本書の一部は、ワンキャリア様へ寄稿した文章を再編させていただきました。

株式会社KADOKAWAの黒田光穂様、土田浩也様、無茶な要望にもかかわらず書籍化を実現してくださりありがとうございます。人智を超えたスピードでかつ正確な編集をしてくださいました。通常の何倍も工数がかかる本書籍において、お二人にいただいたお力は計り知れません。また本書籍の配荷、営業に携わったすべてのKADOKAWA関係者様へ御礼申し上げます。

本書籍へご寄稿いただきました福代和也（大手町のランダムウォーカー）様、撮影をご担当いただきました戸谷信博様、イラストを手がけていただいた江村隆児様、モデルの中谷亮太様、中塚美緒様、ヘアメイクをご担当いただきました資生堂の髙橋礼行様、スーツ類のお貸出しをいただきましたTHE SUIT COMPANY様。みなさまのおかげで、本書を作り上げることができました。心より御礼申し上げます。

[Staff]
カバーデザイン：西垂水敦（krran）
本文デザイン：西垂水敦（krran）
本文イラスト：江村隆児（エムラデザイン事務所）
寄稿：福代和也（大手町のランダムウォーカー）
撮影：戸谷信博
モデル：中谷亮太、中塚美緒
ヘアメイク：髙橋礼行（資生堂アソシエイト トップヘアメイクアップアーティスト）
衣装協力：THE SUIT COMPANY
DTP：フォレスト
校正：鷗来堂、文字工房燦光

トイアンナ
慶應義塾大学法学部卒。P&Gジャパンおよび LVMH ウォッチ・ジュエリー ジャパン株式会社でマーケティング業務を担当。ライターとして「外資就活ドットコム」をはじめとする就活媒体を支援しつつ確実内定メソッドをSNSで公開。大手企業の採用ページを執筆するなど広く採用へ関わる。これまでに4,000人以上の就活生の相談に乗る。ブログは最大月間50万PVを記録。現在はオンライン・ビジネススクール「スキルブートキャンプ」を運営。

改訂版《かいていばん》　確実内定《かくじつないてい》　就職活動《しゅうしょくかつどう》が面白《おもしろ》いほどうまくいく

2021年12月10日　初版発行

著者／トイアンナ

発行者／青柳 昌行

発行／株式会社KADOKAWA
〒102-8177　東京都千代田区富士見2-13-3
電話 0570-002-301(ナビダイヤル)

印刷所／図書印刷株式会社

ISBN 978-4-04-605535-4　C0030